THE SIMPSONS™ LIBRARY OF WISDOM
THE BART BOOK

Une marque de La Martinière Groupe.
www.lamartinieregroupe.com
ISBN : 978-2-35425-074-4

Retrouvez nos publications sur www.fetjaine.com

Publisher : Matt Groening
Creative Director : Bill Morrison
Managing Editor : Terry Delegeane
Director of Operations : Robert Zaugh
Art Director : Nathan Kane
Special Projects Art Director : Serban Cristescu
Production Manager : Christopher Ungar
Production/Design : Karen Bates, Art Villanueva
Staff Artists : Chia-Hsien Jason Ho, Mike Rote
Production Assistant : Nathan Hamill
Administration : Sherri Smith
Legal Guardian : Susan A. Grode

THE SIMPSONS™ LIBRARY OF WISDOM

Conceived and Edited by Bill Morrison
Book Design and Production by Serban Cristescu
Contributing Editor : Terry Delegeane
Research and Production Assistance : Nathan Hamill

Contributing Artists :
John Costanza, Serban Cristescu, Mike DeCarlo, John Delaney, Luis Escobar, Chia-Hsien Jason Ho,
William Mahaney, Bill Morrison, Kevin M. Newman, Mike Rote, Kevin Segna, Chris Ungar

Contributing Writers :
Jamie Angell, Scott M. Gimple, Nathan Hamill, Jesse L. McCann, Bill Morrison, Eric Rogers

Special Thanks to :
Pete Benson, N. Vyolet Diaz, Deanna MacLellan, Helio Salvatierra,
Mili Smythe, and Ursula Wendel

Version française :
Traduction - Adaptation - Mise en page
I.D.O. Paris21
Oliver, Max & co.

ENCYCLOPÉDIE SIMPSON DU SAVOIR

LE LIVRE DE BART

Fetjaine

LE TOP 40 DE BART

1. Mon modèle de morale : M. Herschel Krustofski, alias Krusty le Clown.
2. Les clefs passe-partout.
3. Trouver de la monnaie oubliée dans les automates.
4. 3651 : le code qui permet de passer des appels masqués.
5. Les poursuites policières de téléréalité.
6. La dame des échantillons gratuits chez Toutorabais, que mes nombreuses allées et venues ne dérangent pas.
7. Mon fidèle lance-pierre.
8. Les Squishees à la cerise : un grand classique.
9. Les modèles réduits de fusée, les figurines et les cordes de cerf-volant : une combinaison irrésistible.
10. Recevoir des barres chocolatées géantes à Halloween.
11. La géniale milliseconde d'apesanteur ressentie, quand Otto fait décoller le bus sur la bosse de Elm Street.
12. Écrire dans du ciment frais.
13. Regarder des feux d'artifice du toit.
14. Les réunions d'école.
15. Ne pas aller à l'école et pouvoir rester à la maison, sans être réellement malade.
16. Un ollie parfaitement exécuté en skateboard.
17. Les dessins animés de Noël.
18. Les châteaux de neige.
19. Les manèges rouillés, gérés par des types grincheux en marcel.
20. Les buffets à volonté, quels que soient les plats.
21. Me réveiller à 7 h du mat', prêt à partir à l'école, et m'apercevoir qu'on est samedi.
22. Les conventions de collectionneurs de BD.

23. Radioactive Man n°628 : quand Radioactive Man utilise le soleil comme arme contre un ennemi en criant "T'es un peu pâle, prends donc le soleil !" (le génie à l'état pur, ça ne s'invente pas !).
24. Une glace par une chaude journée d'été.
25. Une glace en plein hiver.
26. Une glace à température ambiante.
27. Les singes volants dans "Le magicien d'Oz" (en fait, tous les singes).
28. La morve (aussi dans ma liste des trucs nuls).
29. Les gens qui confondent wasabi et guacamole.
30. Les instituteurs remplaçants crédules.
31. Dans le DVD de Krusty "Les scènes coupées, le Best Of" : la séquence où un projecteur tombe sur la tête de Tahiti Bob, mettant le feu à ses cheveux.
32. L'ultra-violence de mon dessin animé préféré, "Itchy & Scratchy".
33. Faire rire Milhouse assez fort pour qu'il recrache du lait par le nez.
34. Regarder des opérations chirurgicales à la télé pendant le dîner.
35. Le menu enfant Double Jumbo Maxi Graisse avec du soda, chez Krustyburger.
36. Quand maman fait brûler ses croquettes au saumon et qu'on peut manger le n°35.
37. Les Truckasaurus.
38. La visite annuelle de la fabrique de chocolat.
39. Faire tourner Skinner en bourrique.
40. Jouer avec Homer dans le jardin (mais ne lui dites surtout pas !).

BART : UN ENFANT PRÉCOCE

ÂGE : 3 MOIS AVANT DE NAÎTRE
Encore dans le ventre de sa mère, Bart surprend les médecins par sa précocité en montrant ses fesses à l'échographie.

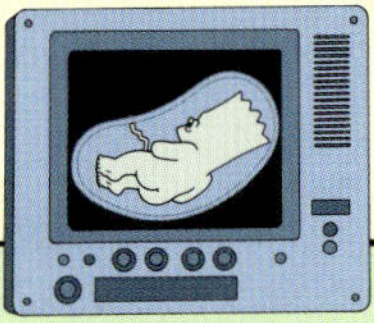

ÂGE : UN JOUR
Au bout de 53 h en salle de travail, Bart se décide à sortir. La mère est épuisée, le bébé se porte bien : il déclenche son premier incendie.

ÂGE : 6 MOIS
Bart joue le "Bébé pue du bec" dans une pub. Cette carrière précoce renforce sa tendance à rechercher l'attention négative. De nombreux incidents s'ensuivent : clés ou portefeuille jetés dans les toilettes avant de tirer la chasse.

ÂGE : 1 AN
Bart dit ses premiers mots : "Ay caramba !", lorsqu'il surprend ses parents au lit. Son père lui explique par la suite que c'était un cauchemar. Bart est du même avis.

ÂGE : 1 AN, 4 MOIS
Bart apprend à crocheter les serrures et réussit pour la première fois à faire fuir la babysitter. 500e tentative d'étranglement de Homer.

ÂGE : 2 ANS
Enceinte de Lisa, Marge propose de quitter le petit appartement pour une maison. Homer propose d'envoyer Bart en pensionnat en Roumanie.

ÂGE : 2 ANS, 6 MOIS
Naissance de Lisa. Bart invente de nouvelles activités : coupe de cheveux, couches piégées, tentative d'expédition à l'étranger par colis postal. Les parents perplexes décident de réagir : ils regardent l'émission de psycho à la télé.

ÂGE : 3 ANS
Bart est enfin propre. Assis sur les toilettes, il répète : "Je suis un grand garçon !". Homer, lui, est abattu : il va devoir trouver autre chose à dire aux WC.

ÂGE : 3 ANS, 8 MOIS
Lisa prononce son premier mot : "Bart". Ému, celui-ci décide d'enfoncer la tête de sa petite sœur dans les toilettes moins souvent.

ÂGE : 4 ANS
Bart fait chaque soir un spectacle d'ombres chinoises pour Lisa. Il réussit particulièrement bien les formes de serpent, de diable et de bouc. Des lamentations se font entendre chez les voisins.

ÂGE : 5 ANS
Bart rentre à l'école. Son attitude positive étant découragée par les instituteurs, blagues et farces deviennent sa raison de vivre. Son meilleur ami Milhouse s'habitue rapidement à recracher du lait par le nez.

ÂGE : 6 ANS
Bart commence le skateboard : l'escalier devient l'endroit le plus dangereux de la maison et Marge prend des cours de premiers soins par correspondance.

ÂGE : 7 ANS
Bart découvre les joies du graffiti : premières apparitions de son alter ego "El Barto". La police reste impuissante.

ÂGE : 8 ANS
La longue tradition des punitions au tableau commence. Bart doit écrire cent fois : "Je ne serai plus jamais puni ni collé".

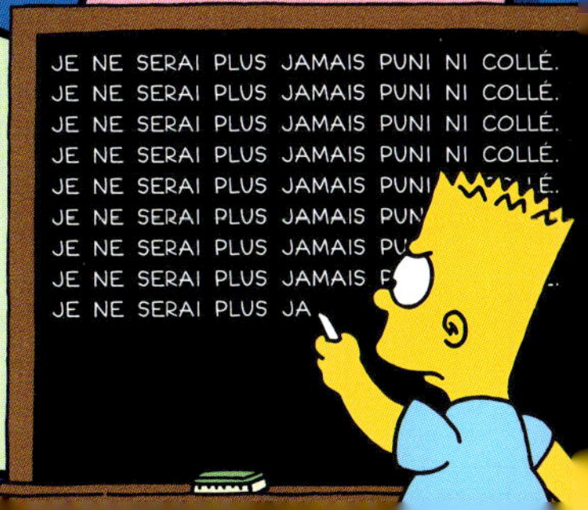

ÂGE : 9 ANS
Bart se met inexplicablement à se défouler sur les murs de la maison. Cause possible : des mesures d'économie familiales, notamment un nouveau papier toilette moins doux.

ÂGE : 10 ANS
Une année bien remplie : Bart tombe dans un puits, organise une escroquerie à la carte de crédit et insulte le premier ministre de l'Australie. Marge dit que c'est la plus longue année de sa vie.

CE QUE PEU DE GENS SAVENT :

Le vrai nom de Bart est Bartholomé Jojo Simpson. Il est né un 1er avril, ce qui explique beaucoup de choses.

TRUCS À FAIRE Par Bart Simpson

1. Déposer le nom de "El Barto".
2. Acheter de nouvelles bombes de peinture.
3. Trouver de nouvelles manières de faire "perdre les pédales" à Homer.
4. Me trouver de nouvelles cachettes lorsque j'y parviens.
5. Cacher le saxophone de Lisa.
6. Faire un marathon de "Itchy & Scratchy" sur DVD.
7. Inventer de nouveaux slogans.
8. Trouver de nouvelles techniques de manipulation pour pousser Milhouse à faire les corvées à ma place.
9. M'entraîner à être plus insupportable.
10. Prendre plus de retard sur mes devoirs.
11. Cacher la poupée Malibu Stacey de Lisa.
12. Assister à l'émission télé de Krusty en vrai.
13. Être le premier dans l'histoire de l'école à lancer une bataille de nourriture le jour des spaghetti bolognaise.
14. M'entraîner à être plus insolent.
15. Améliorer mon imitation de Skinner.
16. Apprendre à Maggie des gros mots avec ses cubes alphabet.
17. Cacher les devoirs de Lisa.
18. Utiliser plus souvent la phrase "Va te faire shampouiner chez les Grecs".
19. Appeler chez Moe pour demander "Al Colique".
20. Apprendre à dormir en cours les yeux ouverts.
21. Cacher le cartable Joyeux Petits Lutins de Lisa.
22. Faire un moulage de mes fesses.
23. En faire une lampe pour la fête des pères.
24. Traîner au Minimarché
25. Apprendre à roter l'alphabet.
26. Finir d'écrire ma symphonie pour pets d'aisselle.
27. "Retrouver" les affaires perdues de Lisa, en échange d'une récompense.
28. Expérience scientifique : remplacer le parmesan de la cantine par la sciure de bois de Willie le jardinier (faire une étude du pouvoir absorbant de la sciure sur le vomi en gestation).
29. Maquiller mon carnet de notes.
30. Me faire remarquer par la petite fille rousse (non zut, ça c'est la liste de Charlie Brown).
31. Convaincre Milhouse de me céder son argent de poche. Le donner à Nelson, plutôt que le mien.
32. Publier mes mémoires.
33. Tirer l'alarme incendie.
34. Faire une pétition pour rendre les glaces à la vanille obligatoires.
35. Mettre des boules de naphtaline dans le ragoût.
36. Faire un câlin à maman.

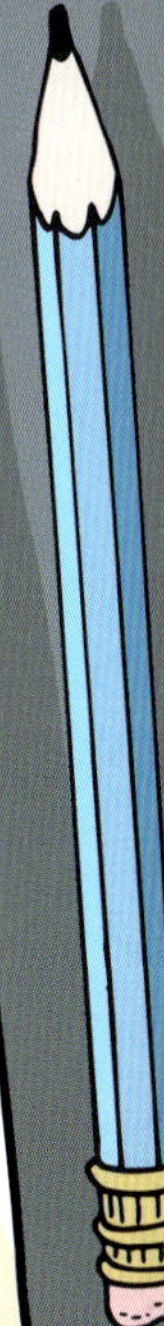

LES REPÈRES DE BART

LA CANTINE DE L'ÉCOLE

1. Climatiseur en panne.
2. Gants jetables et filets à cheveux.
3. Couverts 2-en-1.
4. Cœurs de bœuf frais.
5. Invitation à une humiliation publique.
6. Le traquenard.
7. Dépôt de nourriture.
8. Menu de la semaine.
9. Centre de distribution de nourriture.
10. Matières légumineuses.
11. Matières d'origine inconnue.
12. ???????
13. Approvisionnement
14. Machine à transformation.
15. Technicienne nutritionniste de surface.
16. Zone interdite.
17. Signature de Bart.
18. Purgatoire des appareils dentaires perdus.
19. Appareil dentaire de Milhouse.
20. Bonbons à la menthe gratuits.
21. Initiation à la vie politique !
22. Le funeste messager : la cloche de l'école (Pour qui sonne le glas ?).
23. Porte des enfers.
24. Plastique dur et inconfortable, mais étonnamment rassurant.
25. Munitions pour bataille de nourriture.
26. Responsable de la bataille de nourriture.
27. Déjeuner de Ralph.

SALLE DE REPAS DES INSTITUTEURS
SKINNER MANGE CHEZ SA MAMAN
VOTEZ POUR MARTIN
NON AUX DEVOIRS ! VOTEZ POUR BART !
MIXO ROBOT
VIANDE
LUNDI SPAGHETTI BOLO
MARDI SPAGHETTI BOLO
MERCREDI SPAGHETTI BOLO
JEUDI SPAGHETTI BOLO
VENDREDI SPAGHETTI SURPRISE
DENTIFRICE
8
9
10
11
12
13
14
15
16
17
18
19
20
21
22
23
24
25
26
27

SEYMOUR SKINNER DIRECTEUR DE L'ÉCOLE PRIMAIRE DE SPRINGFIELD

Seymour Skinner dirige l'école primaire de Springfield d'une main de fer. Du moins c'est ce qu'il croit ! Les nombreuses punitions infligées ne semblent en effet inspirer à Bart que de nouveaux graffiti grossiers signés de son alter ego El Barto. Le principal parvient néanmoins à conserver sa dignité en se concentrant sur les tâches les plus importantes : réviser le code vestimentaire de l'école, préparer les menus de la cantine et surtout, empêcher les élèves d'utiliser leur imagination.

Citation : "Ah, le concours de dioramas, c'est ce que je préfère à l'école, après le test auditif du jeudi".

- Aime : les exercices d'évacuation, chiner avec Mère, les coussins gonflables, la gelée de coing avec un raisin au milieu.
- Clubs et associations : MENSA, Les Bémols, le club de tir de Springfield et le Comité de Contrôle des Poux.
- Surnoms : Poussin, Phil de Fer.
- Signes particuliers : une plaque en métal dans les fesses, suite à une blessure au Vietnam.
- Objet de ses désirs : Edna Krapabelle, l'institutrice de Bart.
- Point faible : il est pris de hoquet quand il s'énerve.
- Matricule au centre d'internement Viet Cong : 24601.
- Tentative littéraire : un scénario de film sur les dinosaures, "Billy et le clonosaure".
- Remarque incisive : "Une femme aux formes suggestives n'a pas sa place dans l'art".

EDNA KRAPABELLE L'INSTITUTRICE DE BART

Divorcée et cynique, Edna Krapabelle a toutes les qualifications requises pour enseigner à l'école primaire. Elle respecte à la lettre le programme demandé par l'académie, ni plus ni moins. Ce qui lui laisse du temps pour aller fumer ou lire des petites annonces de rencontre pendant les films éducatifs. Il lui arrive aussi de profiter du jour d'inspection anti-poux pour fricoter avec le principal Skinner.

Citation : "Faites ce que je veux dire, pas ce que je dis".

- Peur secrète : que Bart Simpson redouble.
- Diplômes : maîtrise de Psychologie Gothique à Harvard.
- Idée novatrice : louer une partie de l'école à des prisons surpeuplées pour lever des fonds.
- Aime : les marins en permission à terre.
- Lieu de prédilection : le salon de beauté "La Perme à Nantes".
- Collections : les boîtes d'allumettes de discothèques renommées, les pulls verts.
- Hobbies : grincer des dents, fumer, le hockey.
- Plat préféré : le "Plateau TV des Cœurs Esseulés".
- Boisson préférée : le vin, avec des glaçons.
- Dessert romantique spécial : la compote de pommes.

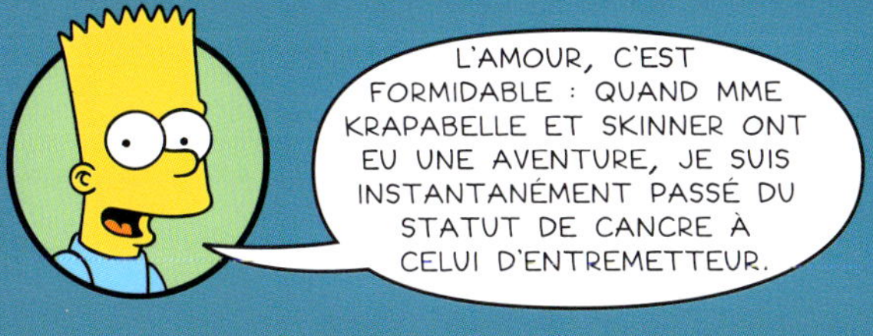

MARTIN PRINCE LE PETIT GÉNIE DE LA CLASSE

En plus d'être intelligent, fayot et rapporteur, Martin Prince joue du luth : c'est le type même de l'intello coincé. Bien qu'il lui soit arrivé d'apprendre à Bart les bases de l'agronomie, en échange de cours de lance-pierres et de graffiti, Martin reste extrêmement agaçant. En particulier lorsqu'il réussit à convaincre les profs d'allonger la durée des cours de 20 minutes.

Citation : "Quéquette s'épelle normalement Q-U-É-Q-U-E-T-T-E, mais la variante avec un "K" est acceptable dans un contexte juvénile."

- Q.I. : 216.
- Imitations préférées : Ernest Hemingway, Phileas Fogg, Salvador Dali.
- Le conseil de Martin : mettez un peu de sauge dans vos chaussures et toute la journée, vous serez récompensé par un délicieux fumet.
- Magazine préféré : Science et Vie Junior.
- Jeu vidéo préféré : My Dinner with André.
- La pensée du jour de Martin : à l'origine, les cerfs-volants étaient utilisés pour faire sécher des cordes humides.
- Poche de chemise : jamais sans stylo.
- Nombre de caleçons de bain portés pour éviter les mises à l'air : 17.
- Animaux domestiques : un Shar-pei, un cochon d'Inde et une fougère appelée Copernic.

SHERRI & TERRI LES JUMELLES DE LA CLASSE

Du ruban dans les cheveux jusqu'aux chaussures, Sherri et Terri s'habillent exactement pareil : une ressemblance qui s'étend à leur façon de marcher, de parler et de se moquer. Gentilles en apparence, les jumelles se délectent en réalité du malheur des autres, et de Bart en particulier. Sherri et Terri adorent aussi tourmenter leur entourage en se faisant passer l'une pour l'autre, à tel point que même elles ne savent plus exactement qui est qui.

Citation : (dite en même temps) "Moi, c'est Sherri. Elle, c'est Terri".

- Surnoms : Terri et Sherri.
- Désir secret : être unies dans un seul corps.
- Crainte secrète : s'y retrouver un peu à l'étroit.
- Activités extrascolaires : cours de claquettes avec la Petite Vicki Valentine, jouer du violon dans l'orchestre de l'école, appeler la ligne directe de Corey et raccrocher.
- Jeux préférés : Action Vérité, faire des grimaces dans le dos des gens.
- En cas de catastrophe nucléaire : il y a de la place dans l'abri atomique pour Sherri, mais pas pour Terri.

OTTO LE CHAUFFEUR DE BUS DE L'ÉCOLE DE SPRINGFIELD

Bien que souvent impliqué dans des collisions, Otto reste fidèle au serment des chauffeurs de bus : "Ne jamais provoquer volontairement d'accident". Ayant triplé son CM 2 dans sa jeunesse, il s'entend très bien avec Bart. Leurs points communs : la passion des BD et du hard rock, la rébellion "contre le système" et un mépris absolu des règles d'hygiène.

Citation : "Je m'appelle Otto, et je suis chauffeur d'otto-bus !".

- Signes particuliers : tatouage de Harley sur les fesses.
- Hobbies et loisirs : le snowboard, le saut à l'élastique, les retours d'acide.
- Musique préférée : Led Zeppelin, Black Sabbath et pour se détendre, la compilation des "Meilleures chansons pour faire enrager les chauffeurs de bus".
- Dons particuliers : il sait jouer de la "air guitar" et peut feindre sa propre mort.
- Groupes de hard rock dont il a été viré : Les Crissements, Les Chômeurs, Métal Fumant et Büssdryver.
- Sa fierté personnelle : quinze accidents, pas une seule victime.
- Son credo : un chauffeur de bus est sympa comme un routier, relax, grincheux, charmeur, cool, délirant, passionné et irrévérencieux.
- Origines : son père est amiral, sa mère honteuse.

WILLIE LE JARDINIER LE JARDINIER EN CHEF DE L'ÉCOLE PRIMAIRE DE SPRINGFIELD

Né et éduqué sur une table de billard dans une taverne près du Loch Ness, Willie le Jardinier est un Écossais irascible aux cheveux hirsutes. Sa colère refoulée semble inépuisable et au moindre incident, il déchire sa chemise pour laisser libre cours à sa rage, dénudant ainsi ses muscles saillants. Malgré son incapacité à obtenir un deuxième rendez-vous avec une fille, Willie n'a pas renoncé à avoir une vie sentimentale et il passe le plus clair de son temps à filmer les ébats de couples dans leur voiture.

Citation : "Och, t'es rin qu'une mauviette qui porte des sous-vêtements !"

- Son secret honteux : son père a été pendu pour avoir volé un cochon.
- Sa fierté personnelle : avoir volé sept cochons en une seule nuit.
- Aime : la graisse, porter des kilts, se battre avec des loups, Chewbacca.
- N'aime pas : les "singes mangeurs de fromage", la purée de maïs, les gens qui portent des sous-vêtements.
- Son objet le plus cher : "Agnès", son tracteur.
- Sa deuxième profession : professeur de français remplaçant.
- Son obsession secrète : Shary Bobbins, la nurse anglaise.
- Tentative culinaire avortée : la panse de brebis farcie "façon Willie".
- Carrière musicale : il a enregistré un album de chansons folkloriques écossaises, intitulé "Odes au voleur de cochons".
- Projets d'avenir : creuser un marécage, attraper un lutin écossais vivant, se marier avec son tracteur.

BART ET SES FARCES PRÉFÉRÉES

Pendant la journée, mets des ampoules colorées sur toutes les lampes de la maison. Des heures de rigolade la nuit venue !

LES PETITS MAUX

Fais passer un petit mot, en sachant que la maîtresse va l'intercepter. Écris quelque chose comme : "C'est génial de s'instruire !", ou "La maîtresse est vraiment en beauté aujourd'hui !".

TOP SECRET

LE GUIDE DE SURVIE À L'ÉCOLE

ATTENTION !

NE PAS LAISSER TOMBER
ENTRE LES MAINS DE PROFS,
DE PIONS OU AUTRES PERSONNES
DÉNUÉES D'HUMOUR !

TOURNE LA PAGE SI TU L'OSES, MEC !

STRATÉGIE DE PLACEMENT

OÙ S'ASSEOIR

pour prendre l'avantage dans la lutte de classe

PREMIER RANG
INTELLOS, GENTILS GARÇONS ET SURDOUÉS

LA BALANCE
QUE DIRE DE PLUS ?

ZONE À RISQUE
LA PARTIE OMBRÉE EST TOUJOURS LA PLUS SURVEILLÉE

LA MEILLEURE PLACE
UN EMPLACEMENT DE CHOIX

LES CRÉTINS DU DERNIER RANG
ILS PERSISTENT BÊTEMENT À SE CROIRE INVISIBLES AU FOND

LE PETIT GÉNIE
ÊTRE ASSIS À CÔTÉ DE LUI EST UN GROS AVANTAGE PENDANT LES CONTRÔLES

L'INSIPIDE
NE PARLE PAS, NE SE FAIT JAMAIS REMARQUER. C'EST QUI LUI, DÉJÀ ?

LA PETITE FILLE JOYEUSE
ELLE SEMBLE BIZARREMENT NE PAS S'ENNUYER

L'INSATISFAITE
COMME TOI ?

LES AUTOSATISFAITS
MÊME ADULTES, ILS SERONT TOUJOURS AUSSI AGAÇANTS

ATTENTION :

LA MAÎTRESSE : NE JAMAIS LA REGARDER DANS LES YEUX

LES DEVOIRS : RESTER VAGUE ET SANS ORIGINALITÉ

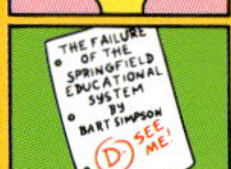

LA CANTINE : SA NOURRITURE PEUT AVOIR DES EFFETS SECONDAIRES

SI TU ES PRIS EN FLAGRANT DÉLIT :

- PRENDS L'AIR OFFUSQUÉ, BLESSÉ, INTERLOQUÉ (TU GAGNERAS DU TEMPS POUR CHERCHER UNE BONNE EXCUSE).
- LA DÉFENSE CLASSIQUE : "CÉTAITPASMOIJAIRIENFAIT-PERSONNEMAVUVOUSPOUVEZRIENPROUVER".
- AVOUE IMMÉDIATEMENT : POUR DÉSTABILISER TON ADVERSAIRE.

UNE ÉNIGME VIEILLE COMME LE MONDE !

Question : L'école est-elle une source de savoir, ou simplement une tactique pour que tes parents aient la paix pendant au moins 12 ans ?

Réponse : Oui.

STRATÉGIES DE GUÉRILLA

UNE VÉRITÉ SCIENTIFIQUE !

LE TEMPS PASSE RÉELLEMENT PLUS VITE PENDANT LE WEEK-END QUE PENDANT LES JOURS D'ÉCOLE !

PLUSIEURS TECHNIQUES ÉPROUVÉES POUR COMBATTRE CET ÉTRANGE PHÉNOMÈNE TEMPOREL :

GRIBOUILLER

FACILE, AMUSANT, ET SATISFAISANT SUR LE PLAN ARTISTIQUE. EN PLUS, LA MAÎTRESSE S'IMAGINE QUE TU TRAVAILLES

UTILISER LE LANGAGE DES SIGNES

ASTUCE : DE PRÉFÉRENCE QUAND LA MAÎTRESSE A LE DOS TOURNÉ

PASSER DES PETITS MOTS

ATTENTION : MÊME SI ÇA SEMBLE COOL DANS LES VIEUX FILMS, AVALER UN MESSAGE SECRET EN CAS D'URGENCE N'EST PAS UNE BONNE IDÉE

ALLER AUX TOILETTES

10 MINUTES À CHAQUE FOIS X 6 COURS PAR JOUR = 25 JOURS D'ÉCOLE EN MOINS PAR AN

CAS DÉSESPÉRÉ

ÉCOUTE LE PROF : TU APPRENDRAS PEUT-ÊTRE QUELQUE CHOSE D'INTÉRESSANT

CE QUE LES INSTITUTEURS NE VEULENT PAS S'ENTENDRE RÉPONDRE QUAND ILS DEMANDENT : "VOUS AVEZ DES QUESTIONS ?"

"Je peux aller aux toilettes ?" "Ça sera dans le contrôle ?"
"Vous pouvez répéter ?" "Avant ou après Jésus-Christ ?"

Connaître l'ennemi : LA MAÎTRESSE

La bombe à retardement de l'école

REMARQUE : TU FINIRAS BIEN PAR QUITTER L'ÉCOLE QUAND TU AURAS TON DIPLÔME*, MAIS LES PROFS SONT COINCÉS ICI À VIE (CE QUI EXPLIQUE PROBABLEMENT POURQUOI ILS SONT PARFOIS IRRITABLES).

*ASSURE-TOI DE NE PAS LE RATER

QUE ME RÉSERVE L'AVENIR ?

SI TU SURVIS À L'ÉCOLE, VOICI UN TEST POUR SAVOIR CE QUI SE PASSE APRÈS !

LA SIMPLICITÉ MÊME PAS DE RÉVISIONS PAS DE TRICHE

1. **Si quelqu'un de plus costaud t'embête, qu'est-ce que tu fais :**
   - A. Tu le dis au directeur ?
   - B. Tu le dis à la maîtresse ?
   - C. Tu te caches dans les toilettes ?
   - D. Tu tentes une repartie sarcastique ?
2. **Lorsque la maîtresse te demande si tu as fait tes devoirs :**
   - A. Tu dis : "Oui madame, et j'ajoute que j'ai trouvé le sujet fascinant et extrêmement intéressant" ?
   - B. Tu dis : "Le chien a mangé ma rédaction" ?
   - C. Tu dis : "Les devoirs ? Quels devoirs ?"
   - D. Tu tentes une repartie sarcastique ?
3. **Lorsque tu dois aller au tableau pour lire ton résumé de livre :**
   - A. Tu te lances dans un discours passionné sur l'autobiographie de Bill Gates ?
   - B. Tu résumes efficacement "Blanche Neige" ?
   - C. Tu racontes le dernier numéro de Radioactive Man ?
   - D. Tu bluffes en improvisant sur "L'île au trésor" ?

RÉSULTAT

Compte 4 points quand tu as répondu A, 3 pour B, 2 pour C et 1 pour D. Maintenant, fais le total de tes points pour découvrir ta future carrière :

12 POINTS Homme politique, présentateur TV, cadre supérieur, directeur d'école.

9–11 POINTS Fonctionnaire, inspecteur des impôts, instituteur.

4–8 POINTS Gérant de fast-food, vendeur de voitures, vice-président des États-Unis

0–3 POINTS Candidat à des jeux télévisés, chômeur, artiste incompris.

LA VENGEANCE

UNE MÉTHODE EN TROIS ÉTAPES

1. PRENDS SOIGNEUSEMENT DES NOTES SUR TOUT CE QUI T'ENNUIE ET TE RÉVOLTE AUTOUR DE TOI
2. ATTENDS 20 ANS
3. UTILISE TES NOTES COMME BASE POUR UNE SÉRIE TÉLÉ À SUCCÈS

TOUJOURS DES EXCUSES

RUSES VITALES EN CAS DE CAPTURE

LES MANIPULATIONS VERBALES

(REMARQUE : EN CAS DE CONFRONTATION, IL EST IMPORTANT DE SE MONTRER SÛR DE SOI. MÉMORISE DONC CES PHRASES POUR POUVOIR RÉAGIR VITE)

POUR CANCRES EXPÉRIMENTÉS :

LE FAUX MOT D'EXCUSE

SA STRUCTURE DOIT DISSIPER LES SOUPÇONS SUR SON AUTHENTICITÉ.

CHÈRE MME KRAPABELLE,

VEUILLEZ EXCUSER L'ABSENCE DE BART HIER, IL ÉTAIT MALADE.

Marge Simpson

P.S. JE DICTE CETTE NOTE À BART CAR MES YEUX SONT BANDÉS, SUITE À UN ACCIDENT DE CUISINE.

CEPENDANT, JE SERAI BIENTÔT REMISE ET NE SOUHAITE PAS QUE VOUS ME RAPPELIEZ CETTE TERRIBLE ÉPREUVE LORS DE NOTRE PROCHAINE RENCONTRE.

NE PAS OUBLIER LES TROIS "P"

POUR FAIRE UN FAUX MOT DE QUALITÉ, IL FAUT : **PRÉVOIR, PRATIQUER, PARFAIRE.**

TU ES EN RETARD :

COMMENT FAIRE ACCEPTER AU SYSTÈME

LES TECHNIQUES POUR NE PAS SE

ENTRAÎNE-TOI À FAIRE COMME BART

1 À LA MANIÈRE D'UN NINJA, PORTE DES VÊTEMENTS QUI SE FONDENT DANS L'ENVIRONNEMENT.

2 UTILISE UNE AUTRE ENTRÉE.

ET ALORS ?

SCOLAIRE UN COMPORTEMENT NATUREL

FAIRE REMARQUER EN ARRIVANT

ET TU NE SERAS PLUS JAMAIS COLLÉ !

4 DEMANDE À TES AMIS DE FAIRE DIVERSION.

3 RAMPE JUSQU'À TA CHAISE ET APPARAIS PROGRESSIVEMENT.

LA RENTRÉE

QUELQUES CONSEILS POUR SE PRÉPARER À UNE DURE ANNÉE DE LABEUR

LA VÉRITÉ ! L'HOMME EST LE SEUL ANIMAL QUI DOIVE ALLER À L'ÉCOLE

DES EXEMPLES DANS LA NATURE

DEUX TECHNIQUES DU RÈGNE ANIMAL POUR ÉVITER L'ÉCOLE

LA MIGRATION

PARS POUR UN ENDROIT PLUS HOSPITALIER, DE PRÉFÉRENCE HORS DE PORTÉE DES AUTORITÉS SCOLAIRES

L'HIBERNATION

AVEC DE L'ENTRAÎNEMENT ET BEAUCOUP DE TÉLÉ TARD LE SOIR, IL EST POSSIBLE DE DORMIR TRÈS LONGTEMPS

LE PREMIER JOUR

"CE QUI NE ME TUE PAS ME REND PLUS FORT" FRIEDRICH NIETZSCHE

NE PERDS PAS DE TEMPS ! LE TITRE PRESTIGIEUX DE "COMIQUE DE SERVICE" EST SOUVENT DÉCERNÉ LA PREMIÈRE SEMAINE.

ATTENTION : AUGMENTE TA RÉSISTANCE PETIT À PETIT ! COMME TOUTES LES SUBSTANCES TOXIQUES, LA NOURRITURE DE LA CANTINE NÉCESSITE UNE PÉRIODE D'ACCOUTUMANCE, COMMENCE DONC PAR DE PETITES DOSES.

QUAND ÇA NE VA PAS : DIS-TOI QU'AU MOINS, TU N'ES PAS LE PETIT NOUVEAU.

LA PRÉPARATION : LA CLEF DU SUCCÈS

Un cahier d'écolier peut se transformer en puissant outil multifonction

ENCORE UN

COMMENT SURVIVRE À UNE

IDENTIFIE TON

IL EST VITAL DE CERNER RAPIDEMENT TON ADVERSAIRE

LA MAUVIETTE

CARACTÉRISTIQUE : elle utilise des smileys autocollants.

AVANTAGE : discipline très relâchée.

INCONVÉNIENT : elle finira par réagir.

CONSEIL : risque de réaction violente si tu la pousses trop loin.

L'EX-JEUNE

CARACTÉRISTIQUE : T-shirt de No Doubt.

AVANTAGE : il regarde MTV.

INCONVÉNIENT : il croit que regarder MTV le rend cool.

CONSEIL : attends qu'il ait le dos tourné pour te moquer.

AN DE BAGNE

NOUVELLE ANNÉE D'ENNUI PROFOND

NOUVEAU PROF

AFIN DE DÉTERMINER TA STRATÉGIE POUR L'ANNÉE

LE VIEUX BRISCARD

CARACTÉRISTIQUE : air las et résigné, cœur de pierre.
AVANTAGE : à deux ans de la retraite, il a jeté l'éponge.
INCONVÉNIENT : plus rien ne le surprend.
CONSEIL : attention, il révèle sa vraie nature quand il rend les copies.

LA DOMINATRICE

CARACTÉRISTIQUE : rage refoulée.
AVANTAGE : aucun.
INCONVÉNIENT : en faire une liste serait trop long.
CONSEIL : change de classe !

AMIS ET SURVEILLE-

IDENTIFIE TES

UNE BONNE COMPRÉHENSION DES RAPPORTS

LA BRUTE

CARACTÉRISTIQUE : poings écorchés.

AVANTAGE : il s'attire la colère du prof à ta place.

INCONVÉNIENT : risque de vengeance.

CONSEIL : ne l'affronte jamais seul. Il se déplace en groupe, tu dois en faire autant.

LA TÊTE D'ŒUF

CARACTÉRISTIQUE : petit sourire suffisant.

AVANTAGE : il connaît toutes les réponses.

INCONVÉNIENT : il ne te les donnera pas.

CONSEIL : reste en bon rapport avec lui, surtout avant les contrôles.

ENNEMIS : LES DE PRÈS

NOUVEAUX CAMARADES

DE FORCE DANS LA CLASSE EST VITALE

LA CAFTEUSE

CARACTÉRISTIQUE : regard fuyant, tics nerveux.

AVANTAGE : elle peut être manipulée à ton avantage.

INCONVÉNIENT : elle n'a aucune loyauté.

CONSEIL : assieds-toi le plus loin possible d'elle.

LE PLEURNICHARD

CARACTÉRISTIQUE : de la morve sur ses manches.

AVANTAGE : c'est une proie facile.

INCONVÉNIENT : il peut se transformer en "Cafteur".

CONSEIL : ne laisse pas de témoins.

LE BUS SCOLAIRE

TA PLACE DÉFINIT TON IDENTITÉ, ALORS OBSERVE BIEN LES RÈGLES SUIVANTES

1. ***LA PLACE DU CHAUFFEUR :*** tu ne peux pas t'asseoir là.
2. ***LES FAYOTS :*** ils s'installent à l'avant du bus, pour que personne ne puisse échapper à leurs regards dédaigneux.
3. ***LES NAUSÉEUX :*** ils se placent généralement au milieu du bus, là où ça bouge le moins. Zone à éviter.
4. ***LES INDIFFÉRENTS :*** eux veulent bien se mettre n'importe où, c'est pourquoi ils se retrouvent assis toujours au même endroit.
5. ***LE PUBLIC :*** ici s'installent ceux qui veulent profiter du spectacle à l'arrière du bus, mais sans s'associer de trop près aux cancres et agitateurs.
6. ***LES REBELLES :*** ils vont à l'arrière pour chahuter impunément, ou se détendre grâce au massage pulsant des nids-de-poule.

L'INÉVITABLE RÉDACTION DE LA RENTRÉE : "RACONTE TES VACANCES"

Ce grand classique est surtout utile aux instituteurs qui n'ont pas préparé leur programme de rentrée. En réalité, ils s'en fichent complètement de ce que vous avez fait cet été, ils cherchent juste un moyen de vous occuper. Tu peux donc en profiter pour mettre un peu de sel dans leur existence s'ils écoutent, et faire rigoler tes copains s'ils n'écoutent pas. De toute façon, les élèves cherchent tous à épater la galerie, alors autant foncer. Par exemple, d'autres que toi ont dû aller voir leur grand-mère cet été, mais est-ce que c'était… en prison !? Bien sûr, tu n'es pas le seul à être parti en colo, mais tout le monde n'a pas eu Ben Laden comme moniteur ! Invente quelque chose d'original, tes camarades t'en seront reconnaissants.

UN CONSEIL DE MODE IMPORTANT

Surtout, ne laisse JAMAIS ta mère t'acheter des vêtements en ton absence. Si tu échappes à tes responsabilités maintenant, tu risques d'être la risée de l'école.

En cas d'urgence : si ta mère t'oblige à aller à l'école habillé comme un nullos, mets un T-shirt arborant un personnage rebelle, sous les fringues choisies par elle. Une fois arrivé à l'école, cache les vêtements nuls (astuce : n'oublie pas de te changer à nouveau quand tu rentres à la maison).

CODES pour

C'EST VRAIMENT DU N'IMPORTE QUOI !
(en bougeant la lèvre supérieure avec le doigt)

JE L'AIME BIEN

T'AS VU SES FRINGUES ?
(en tirant sur le col)

AY CARAMBA !

SOMMES-NOUS LES SEULS À VOIR QUE TOUT CELA EST ABSURDE ?
(en tournant les mains)

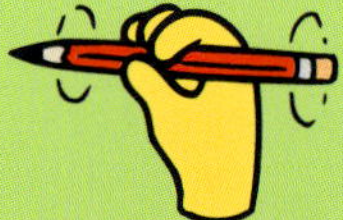

MONTRE-MOI TES RÉPONSES
(en faisant tourner son crayon)

T'AS VU CETTE TIGNASSE !
(en tirant sur une mèche)

JE NE L'AIME PAS

JE VAIS FAIRE UNE CRISE D'HYSTÉRIE S'ILS N'ARRÊTENT PAS DE PARLER
(en bougeant les doigts de haut en bas)

SECRETS
l'école

IL FAUT QUE TU ME SORTES DE LÀ !
(en tirant sur l'oreille)

QUEL NULLOS !
(en grattant le bras)

ON SE CASSE !
(frotter son pouce, la paume vers le bas)

ON RESTE
(avec la paume vers le haut)

ILS SONT DINGUES !
(se gratter le bras trois fois)

SI TU DIS ENCORE UN MOT, JE MEURS ET APRÈS, JE TE TUE !
(les doigts croises, frapper la paume des mains l'une contre l'autre)

RIEN DANS LE CRÂNE !
(en tirant une corde invisible entre ses deux oreilles)

BEURK ! ALERTE AU PET QUI PUE !

EN EXCLUSIVITÉ

LA BART

LE SKATEBOARD DE

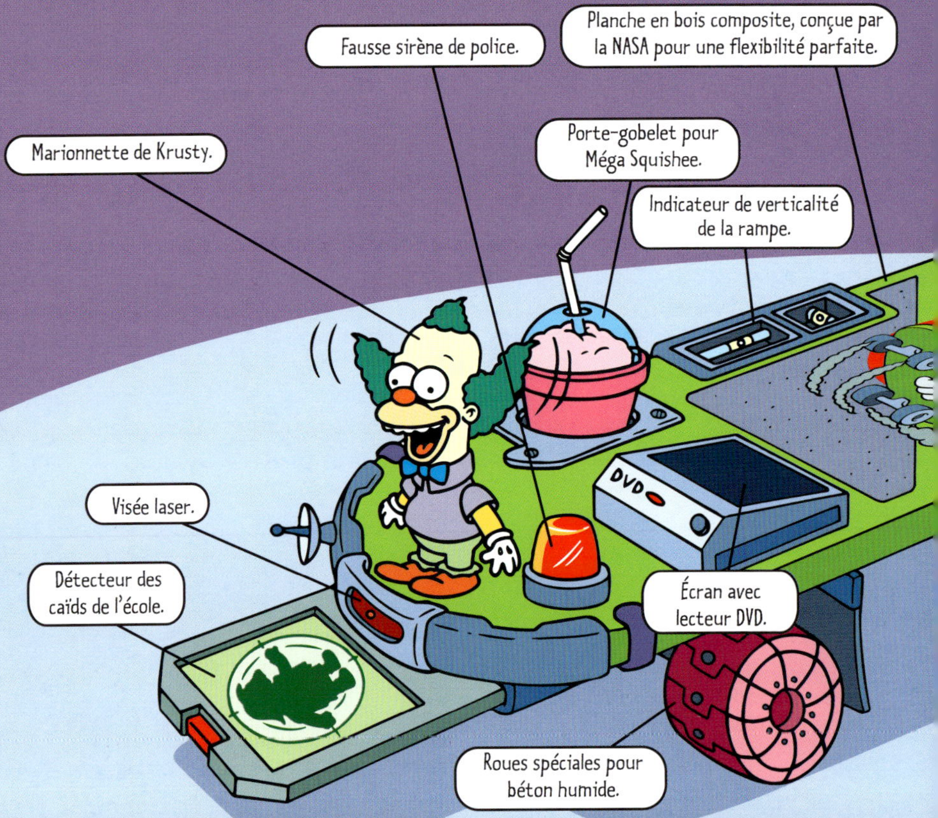

BOARD
RÊVE SELON BART

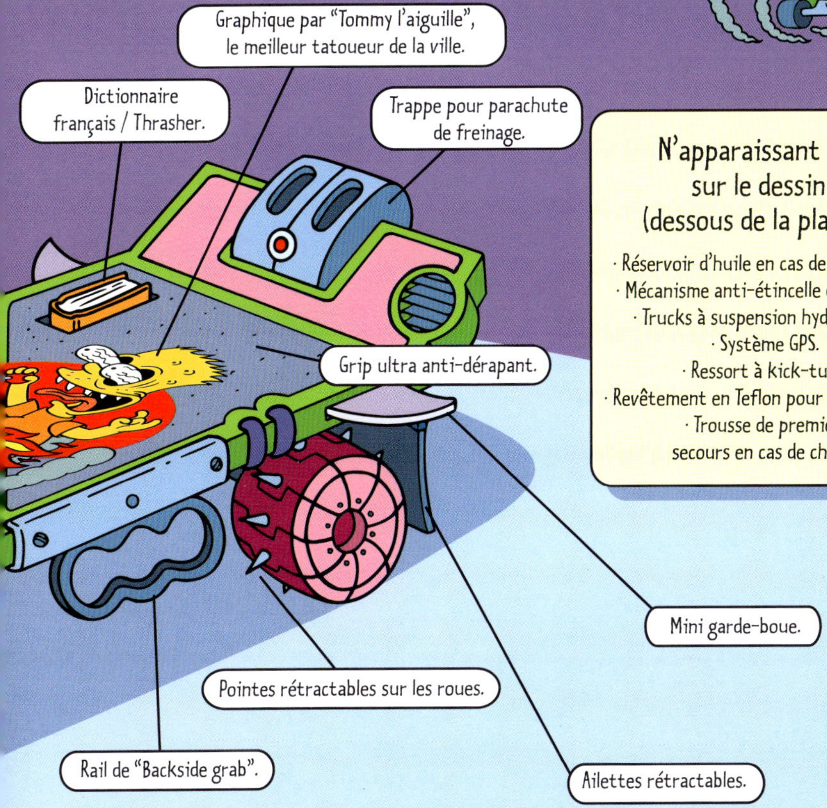

N'apparaissant pas sur le dessin : (dessous de la planche)

- Réservoir d'huile en cas de poursuite.
- Mécanisme anti-étincelle de "Grind".
- Trucks à suspension hydraulique.
- Système GPS.
- Ressort à kick-turn.
- Revêtement en Teflon pour les noseslide.
- Trousse de premier secours en cas de chute.

MÉLODIES

ENFIN UN JOUR FÉRIÉ

(sur l'air de "À la Claire Fontaine")

Enfin un jour férié, pas d'école aujourd'hui !
Je sais pas lequel c'est,
tout l'monde s'en fiche ici !

LES EXPOSÉS

(sur l'air de "La danse des canards")

C'est le jour des exposés
On va encore s'ennuyer
Plein de trucs sans intérêt
À é-cou-ter !

Même la maîtresse, elle soupire
Je crois qu'on va s'endormir
Avant l'deuxième exposé
À é-cou-ter !

Nelson nous parle de flipper
Et il nous fait un peu peur
Car dans la cour de récré
Il va nous tilter

Martin parle de Picasso
Nous, on comprend pas un mot
Et il est pas rigolo
Mon-go-lito !

C'est le jour des exposés
On va encore s'ennuyer.
(etc., répéter *ad nauseam*)

MUTANTES

PUNI À MOURIR

(sur l'air de "Je l'aime à mourir")

Moi j'avais les mains
Sur le carnet de notes
La prof est arrivée
Et puis elle a crié :
"Repose ça tout de suite"
"Repose ça tout de suite"

Maintenant je suis puni
À recopier cent fois
"Je ne volerai pas, je ne tricherai pas"
Ou il va m'en cuire
Ou il va m'en cuire
Puni à mourir

J'AI FAIT MES DEVOIRS

(sur l'air de "J'ai du bon tabac")

J'ai fait mes devoirs, devant la télé
J'ai fait mes devoirs, en faisant du skate
Quand le prof a dit : "Où est ton exposé ?"
Je lui ai dit : "Là, sur mon avant-bras"
J'ai fait mes devoirs, au crayon d' papier
J'ai fait mes devoirs, comme si je m' tatouais.

LA PANTALONNADE

(sur l'air de "La Marseillaise")

Allons enfants de l'école de Springfield
Pouvez-vous voir le survêtement
Qui flotte sur le mât si fièrement ?
Depuis notre blague, vendredi
Depuis notre blague, vendredi

Qui l'aurait cru, on a réussi
À remplacer le drapeau
Par un étendard rigolo
Qui victoire, flotte tout là-haut

De rire, on va pleurer !
Quelle arme, la subversion !
Rions
Rions
Qu'une blague impure
Égaye nos leçons !

Ennuyez, yez, yez

(sur l'air de "Ainsi font, font, font")

Ennuyez, yez, yez
Votre prof préféré
En criant tout le temps
Il en finira cinglé !

LES BLAGUES TÉLÉPHONIQUES

N° 12 : POULET AU VINAIGRE

1. Appelle un fast food qui vend du poulet frit.
2. Demande au pauvre type exploité qui décroche : "Vous avez des cuisses de poulet ?".
3. Lorsqu'il dit oui, réponds : "Tu dois être beau en short !".
4. Ris comme un fou et raccroche.

DE BART

L'ANATOMIE DE BART

1. Les cheveux : une coupe classique. Des mèches s'élèvent vers le ciel, dans une sorte de prière silencieuse pour ne pas connaître le même destin que la chevelure de Homer.

2. Disque dur : de qualité supérieure. Son fonctionnement semble cependant entravé par les overdoses de Squishees, ainsi que l'abus de télévision et de BD débilitantes.

3. Nez : toujours en l'air.

4. Oreilles : capables d'ignorer toute remarque ayant trait aux devoirs, aux tâches ménagères, aux "Prends exemple sur ta sœur", etc.

5. Bouche : une machine à injures perfectionnée, souvent à l'origine d'expressions à la mode.

6. Cou : cible fréquente des accès de colère de Homer.

7. Skateboard : le moyen de transport idéal pour aller à l'école, mais aussi en cas de fuite précipitée.

8. Poches : réservoir de boules puantes et/ou lance-pierre.

9. Saine lecture : BD de taille idéale pour être dissimulée dans un livre de cours.

10. Bras : future zone de tatouages provocateurs.

11. Fesses : régulièrement montrées en public et en particulier aux représentants de l'autorité tels que le Principal Skinner, Quimby le maire de Springfield et M. Burns.

12. Jambes : souples pour le skateboard, rapides en cas de poursuite. Bizarrement fatiguées lorsqu'il faut travailler.

13. Pieds : attendent impatiemment l'été pour se libérer de la contrainte des chaussures.

MAIS À QUOI PENSE BART ?

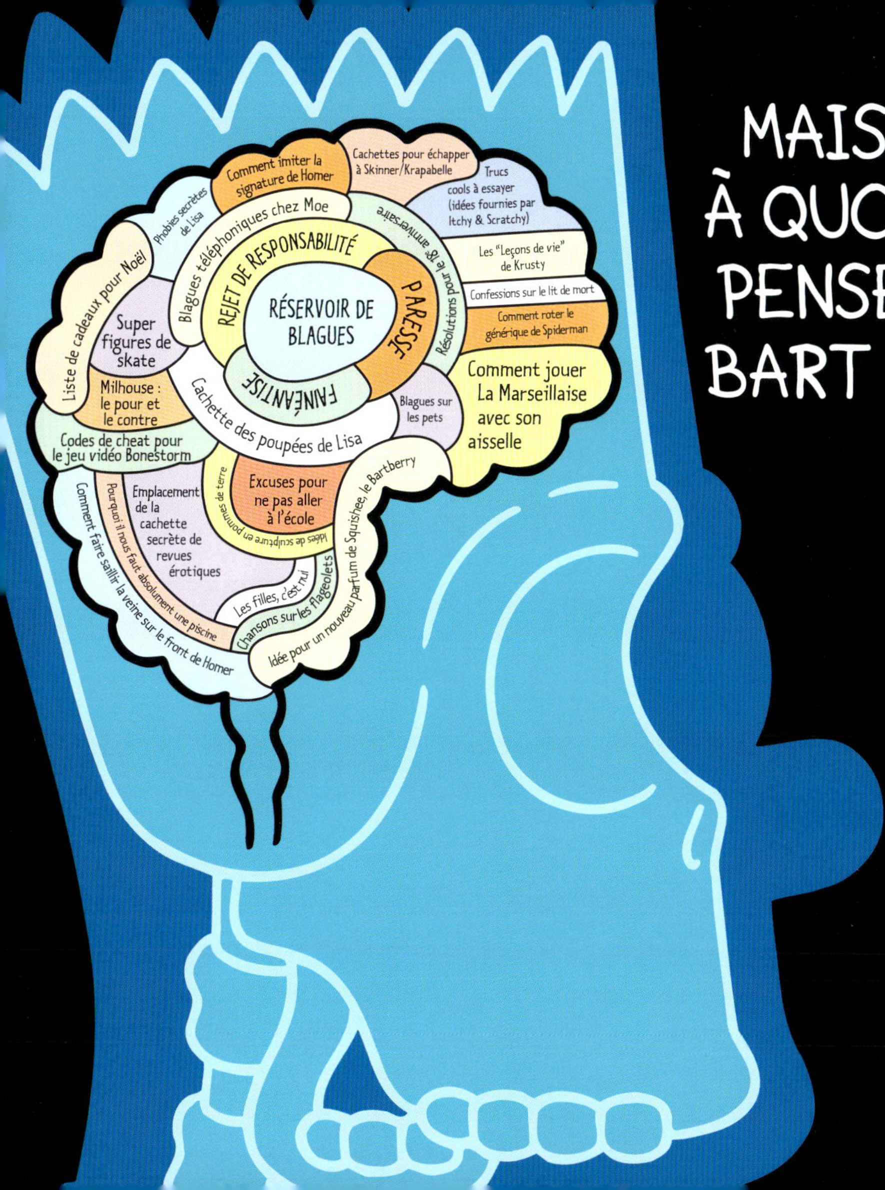

ISOTOPES
UT-ÊTRE L'ANNÉE PROCHAINE...
DÉDICACÉE !
SI VOUS LISEZ PLUS DE 5 PAGES, ACHAT OBLIGATOIRE. ON NE TOUCHE QU'AVEC LES YEUX. PAS PLUS DE 2 MINUTES !
DONUTS
NOUVEAU !
SPIDER-MAN
1
2
3
4
5
6
7
8
9
10
11
12
13
14
15
16

LES REPÈRES DE BART

LE DONJON DE L'ANDROÏDE

1. Rayon pour filles : BD de Malibu Stacey, Les Joyeux Petits Lutins et Les Gâteaux pour les Nuls.
2. Carte du joueur de baseball Honus Wagner (sous le plancher). Même le propriétaire de la boutique ignore que cette carte valant une fortune se trouve là.
3. Poubelle (remplie de BD "Biclops").
4. Rayon des raretés "Pour connaisseurs uniquement !" (avec Radioactive Man n°45 "La Radio radioactive", un original de Itchy & Scratchy, la pièce de cinq cents préférée de JFK et un chewing-gum mâché par Michael Jordan).
5. Petit déjeuner, déjeuner et dîner.
6. En-cas et cookies.
7. Trône : jamais déplacé, rarement vacant.
8. Propriétaire et dictateur : le Vendeur de BD.
9. Mur des bannis.
10. Galerie des stars : Spock, Capitaine Kirk.
11. La caisse (elle-même objet de collection).
12. La bible du magasin : le Guide des prix des comics.
13. La vraie bible.
14. Authentique main momifiée de Bob Kane, le créateur de Batman.
15. La cachette ultra-secrète de vidéos pirates (comprend notamment "Dorothée a un coup dans le nez" et le 2e film de Zapruder sur JFK).
16. Carte de joueur de baseball extrêmement rare de 1973.
17. Les cartes Krusty le Clown (Collectionnez mes 10 000 cartes, et dépêchez-vous, mon bookmaker s'impatiente !).
18. Radio (sert uniquement pour écouter des émissions sur le paranormal).
19. La forteresse de solitude (les toilettes).

LE VENDEUR DE BD LE PROPRIÉTAIRE DU DONJON DE L'ANDROÏDE, LE MAGASIN DE BD

Sarcastique et méprisant, le Vendeur de BD règne sur son royaume, c'est-à-dire son magasin. Même lorsque des clients paient très cher ses objets de collection hors de prix, il les traite comme des enfants. Sauf les enfants, qu'il traite comme des bébés. À 45 ans, le Vendeur de BD a su conserver un corps de jeune obèse en étudiant soigneusement tous les régimes diététiques, puis en les ignorant consciencieusement.

Citation : "Est-ce qu'il existe un mot en klingon pour "solitude" ?"

- Devise du magasin : Liberté, BD, Cartes à collectionner.
- Ses personnages préférés : The Green Lantern, Thundra, Ghost Rider, Xena et Doctor Who.
- Le personnage qu'il déteste : Superman.
- Diplômes : doctorat de folklore et mythologie.
- Magasin rival : Chez Frodon, à Shelbyville.
- Fantasme ultime : une heure de holodeck avec la sculpturale Seven-of-Nine.
- Autocollants sur sa voiture : "Continue à klaxonner, je charge mon phaser", "Ma deuxième voiture est un Faucon Millenium" et "Kang est mon co-pilote".
- Plats préférés : bonbons, cookies, donuts au chocolat, tacos et burritos.
- Son ultime frontière : le contact humain.

RADIOACTIVE MAN & ATOMIC BOY LES SUPERHÉROS COSTUMÉS

Jeune playboy plein aux as, Claude Kane III a été transformé en Radioactive Man par l'explosion de la Mégabombe ultra secrète. Quant à Rod Runtledge, son pupille, il a gagné ses super pouvoirs lors d'un incident au laboratoire de chimie de son lycée. Ensemble, ces deux champions de la justice préservent les idéaux américains, en combattant les non-conformistes et en défendant le consumérisme.

Citations : (Radioactive man) "J'en peux plutonium !"
(Atomic Boy) "Marabout, bout de ficelle !"

- Ennemi juré : Doctor Crab, qui a la force et l'intelligence proportionnelles d'un gros crabe.
- Autres supervilains : Hypno Head, Larceny Lass, Brain-O le Magnifique.
- Leurs alliés superhéros : Bug Boy, La Fouine, Captain Calamar et Plasmo le Mystique.
- Objet de désir : Gloria Grand, la belle et soupçonneuse journaliste.
- QG secret : l'Enceinte de Confinement, juste en dessous du Mont Zénith.
- Duo équivalent sur la Terre Alternative : Radioactive Boy et son chien atomique, Glowy.
- Acteurs dans la série télé : Dirk Richter a joué Radioactive Man et Buddy Hodges, Atomic Boy.
- Acteurs dans le film, jamais achevé : Rainier Wolfcastle a joué Radioactive Man et Milhouse Van Houten, Atomic Boy.

ELASTIC MAN & TABASSE GIRL UN ÉLASTIQUE HUMAIN, HULK EN JUPON

Lors de l'inspection aux rayons X des bonbons d'Halloween, la machine explose. Bart et Lisa sont irradiés. Bart se transforme en Elastic Man, capable d'allonger n'importe quelle partie de son corps, et Lisa en Tabasse Girl, dotée d'une force surhumaine. Tous deux deviennent ainsi des super héros qui combattent le crime, avec leur propre série télé.

Citations : (Elastic Man) "J'utiliserai ce pouvoir que pour être gonflant !"
(Tabasse Girl) "J'suis pas encore morte, monsieur le provisoire !"

- Ennemis : les braqueurs de banques, les tortionnaires et les forces du mal en général.
- Ennemi juré : le Collectionneur.
- Les prisonniers emballés dans du plastique par le Collectionneur : Spock, le robot de "Planète interdite", Matt Groening, Dr Who, Yasmine Bleeth et Lucy Lawless.
- Les railleries du Collectionneur : Panic Man et Filasse Girl.
- Mode de transport : Tabasse Girl fait du pogo-stick sur Elastic Man.
- Les petits avantages de Elastic Man : il peut nettoyer la pelouse en transformant sa main en râteau et baisser le pantalon de quelqu'un de très loin.
- Fait surprenant : Lucy Lawless, l'actrice de la série Xena, peut réellement voler.
- Ce que montrent les rayons X dans les bonbons de Ralph : une lame de rasoir, une seringue, du chocolat blanc (!).

PAPA FURAX LE PERSONNAGE DE BD CRÉÉ PAR BART

Pour réaliser son rêve de prendre sa retraite à 12 ans, Bart crée Papa Furax, un personnage de BD inspiré par les colères de Homer. À la moindre provocation, Papa Furax entre dans une rage destructrice, dont le monde entier peut profiter sur le site Internet MieuxqueTV.com. Dessinée de façon sommaire et violente, la BD Papa Furax nous rappelle à tous qu'exprimer sa colère est non seulement amusant, mais aussi bon pour la santé.

Citation : "Je les déteste !"

- Facteurs de colère : les bouteilles de ketchup bouchées, les télécommandes égarées, "Le monde ennuyeux du physicien Bohr", les magasins de moquette qui font payer la livraison.
- Antidotes à la colère : les bains moussants, les bougies, la musique douce, les tranquillisants pour chevaux.
- Les critiques élogieuses de "Papa Furax" : "Un personnage qui restera dans l'histoire !" (Jimbo Jones), "Papa Furax swingue !" (Kearney), "Je le mets sur le présentoir !" (le vendeur de BD).
- Le dessin animé : une production Bartoon, en collaboration avec Ay Caramba Divertissement.
- Classement Internet : numéro 1 des sites non-pornos (dix trillionième au classement général).
- Autres productions de MieuxqueTV.com : "Ben Laden dans un mixer", "Lou Rawls, agent secret".

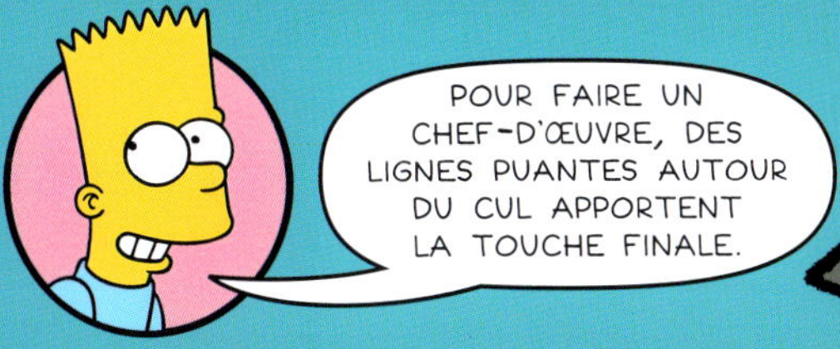

CE QUE PEU DE GENS SAVENT :

Par honte de son père Bart prévoit de changer de nom plus tard. Sa nouvelle identité : Mike Tyson.

AUTRES TOURS PENDABLES

TESTE L'"ÉQUILIBRE" D'UN AMI EN POSANT DEUX VERRES D'EAU SUR LE DOS DE SES MAINS. DIS-LUI ALORS : "T'AS RÉUSSI LE TEST !", ET PARS. IL NE LUI RESTERA PLUS QU'À ESSAYER DE POSER LES VERRES SANS RENVERSER L'EAU (ASTUCE : MIEUX VAUT FAIRE CETTE BLAGUE QUAND PERSONNE N'EST LÀ POUR AIDER LA VICTIME). ET PAS DE CHATOUILLES !

LA DOUBLE ATTRAPE

Cache un livre de cours dans une BD : en croyant te prendre sur le fait, ta maîtresse aura la surprise de te voir faire tes devoirs (attention : la BD risque d'être confisquée quand même !).

Tu cherches un truc pour passer le temps ? Tu veux embêter les grands ? Ou qu'un de tes amis recrache son lait par le nez ? Rien de plus simple !

FAIS UNE GRIMACE AVEC TA FACE !

L'Ulcère

Le Fourmilier

La Langue au chat

Les Lèvres en folie

Débilos

L'Étranglée

Le Singe Hurleur

Le Roteur sachant roter

Le Prince Charmant

Le Flanders

El Monstro

Mongolito

Mutilator

Le Fantôme de l'opéra

Le Mutant de l'espace

Le Crocodile

Le Sauvageon

Maman

LES BLAGUES TÉLÉPHONIQUES

N° 32 : UN GRAND CLASSIQUE

1. Appelle l'épicerie du coin.
2. Demande à ta victime, qui ne se doute de rien : "Vous vendez des Prince en sachet ?".
3. Lorsqu'il ou elle te dit oui, réponds : "Mais ils risquent pas d'étouffer ?!".
4. Ricane comme un chacal et raccroche.

Attention ! Au cas où le magasin ne vend pas de biscuits Prince, prépare une autre question piège.

Par exemple : "Vous vendez des Mikado ?".

Réponse : "Mais pourquoi pas des cadeaux entiers ?".

DE BART

Espèce de petit... ! Si jamais je t'attrape, t'entendras parler de mon Karma !

UNE JOURNÉE DANS LA VIE

7 h 00 : Bart éteint deux fois de suite son réveil Krusty®. Quand il se déclenche à nouveau en disant : "Hé ! Hé ! Je suis pas ta mère !", il se lève.

7 h 15 : Bart et Lisa arrivent à la salle de bains en même temps. Pour une fois, Bart décide d'être galant : il laisse passer sa sœur pour lui tirer les cheveux par derrière.

7 h 30 : Il est temps de s'habiller. Bart décide de mettre un T-shirt bleu, avant de s'apercevoir qu'il n'en a pas.

7 h 45 : De la fenêtre, Bart montre ses fesses à la famille Flanders qui part en voiture. Comme d'habitude, Ned recule sur la boîte aux lettres.

8 h 00 : Pour avoir de l'énergie, Bart mange au petit déjeuner un grand bol de céréales Krusty Sucroplus® (Les céréales qui dilatent les pupilles).

8 h 30 : Dans le bus de l'école, Bart glisse des craies de couleur dans la boîte de déjeuner de Ralph Wiggum, en espérant qu'il les mangera.

8 h 45 : Bart montre ses fesses au Chef Wiggum lorsque sa voiture croise le bus scolaire. Le policier se jure d'arrêter le coupable, mais il ne réussit pas à noter le numéro de la plaque à temps.

9 h 00 : Le devoir d'école à préparer pour aujourd'hui est "L'homme agit-il de façon stupide sous la contrainte ?". Bart tente de répondre à la question "scientifiquement", en envoyant des balles de ping pong sur Milhouse avec son lance-pierre.

9 h 15 : Bart demande la permission d'aller aux toilettes. Mme Krapabelle le défie du regard, mais elle a le dessous. Il sort et l'institutrice note dans sa tête : "Mieux briser la volonté de Bart".

9 h 30 : En passant devant la porte du Principal Skinner, Bart le voit se faire réprimander par sa mère qui l'attache à son bureau avec des menottes en guise de punition.

9 h 45 : Skinner donne à Bart sa carte de crédit avec le code, en lui demandant d'aller acheter une scie à métaux. Prouvant ainsi que l'homme agit effectivement de façon stupide sous la contrainte.

DE BART SIMPSON

10 h 00 : Bart retire le montant maximum du compte de Skinner, soit 20 dollars.

10 h 15 : Bart achète un Méga Squishee au MiniMarché et avec la monnaie, il joue au jeu vidéo Perte de Temps IV.

10 h 30 : Bart croise Homer en sortant du MiniMarché, ils se saluent amicalement.

10 h 45 : Bart profite que Marge passe l'aspirateur dans la maison pour aller chiper la boîte à outils de Homer dans le garage. Au passage, il met aussi du poil à gratter dans le placard à vêtements de son père.

11 h 00 : Bart retourne à l'école pour les dernières minutes de la récré. À l'aide de la clé anglaise, il desserre les boulons de la balançoire.

11 h 15 : Bart a l'intention de sécher le cours pour aller sauver Skinner, mais le professeur Frink montre aux élèves une plante qui sent "le cadavre". Bart éteint la lumière et fourre la plante dans un conduit d'air conditionné.

11 h 30 : Pendant que tout le monde est évacué, Willie le Jardinier va récupérer la plante dans le conduit. Bart reste à l'intérieur pour faire 200 photocopies de ses fesses.

11 h 45 : Finalement les cours reprennent. Bart s'amuse à faire des grimaces à Lisa par la fenêtre de sa classe, jusqu'à ce que Mme Hoover menace de l'enfermer dans la cage du hamster.

12 h 00 : L'heure du déjeuner, avec en plat du jour un Barbecue Surprise ! Malheureusement, l'odeur de cadavre qui flotte toujours dans la cantine a coupé l'appétit de tout le monde.

12 h 15 : Ralph Wiggum montre fièrement ses dents colorées à la craie, ajoutant que son vomi est de la même couleur.

12 h 30 : Lors d'une partie de balle au prisonnier, Bart secoue rythmiquement le ventre de Uter, qui joue dans la même équipe. Sous l'effet hypnotique des ballottements de graisse, l'équipe adverse perd le match.

13 h 00 : Bart est cerné par Kearney, Jimbo et Nelson, les caïds de l'école. Il se fait voler la boîte à outils de Homer. De nombreuses mises à l'air s'ensuivent.

13 h 15 : Bart crochète la serrure de la cabane à outils de Willie pour prendre sa scie à métaux. Il trouve le tunnel menant à la cachette secrète du jardinier, mais constate avec déception qu'au lieu d'une panoplie de super vilain, celle-ci ne contient qu'une collection de timbres et des vieux disques.

13 h 30 : Bart remarque d'autres tunnels secrets. Celui qu'il emprunte mène au gymnase où les filles ont leurs cours de volley. Bart montre ses fesses à toute l'équipe puis s'enfuit.

13 h 45 : Bart est de retour en classe pour le cours de maths. Il baille, et explique à Mme Krapabelle qu'il a oublié son devoir à la maison. En fait, il ne l'a pas fait.

14 h 00 : Mme Krapabelle fait venir Bart au tableau pour un problème de division. À l'aide de la scie à métaux de Willie, Bart divise les craies par trois. La maîtresse illustre alors la théorie de la soustraction en envoyant Bart au bureau du Principal Skinner.

14 h 15 : L'inspecteur Chalmers est dans le bureau de Skinner lorsque Bart arrive. Embarrassé, le Principal explique qu'il ne peut se lever pour l'instant, mais promet de punir les élèves qui ont démonté les pare-chocs de la voiture de l'inspecteur. Un indice : l'un d'eux, dénommé "Homer", aurait laissé derrière lui une boîte à outils à son nom.

14 h 30 : Bart libère Skinner grâce à la scie à métaux, mais le Principal se cache brusquement lorsque sa mère arrive. Bart indique sa cachette à la vieille dame.

14 h 45 : Bart doit écrire cent fois au tableau "AU VIETNAM, LES TRAÎTRES ÉTAIENT FUSILLÉS".

15 h 00 : L'école est finie ! Bart rentre à la maison en skate en passant par le parc, où se tient une réunion de la Ligue féministe. Il montre ses fesses au passage.

15 h 15 : Dans la cabane, Bart et Milhouse feuillettent un numéro de "Erreur médicale magazine", pour voir qui aura envie de vomir le premier.

15 h 30 : Bart et Milhouse vont promener le chien. À la maison de retraite, Bart persuade son grand-père que Petit Papa Noël est un chien démineur et que le ballon de gymnastique contient des explosifs. Abraham panique et appelle la police.

15 h 45 : Les démineurs arrivent (le Chef Wiggum porte un masque de hockey). Les deux garçons s'éclipsent discrètement, mais Bart fait croire à Milhouse que des voitures de police banalisées bouclent le quartier. Milhouse accepte de se cacher dans la niche du chien jusqu'à ce que Bart vienne lui dire que la voie est libre.

16 h 00 : Bart regarde des dessins animés et met son cerveau "en pause" pendant deux heures.

18 h 00 : Bart revient brusquement à la réalité lorsque Kent Brockman annonce l'arrestation d'un suspect à l'école. Homer apparaît à l'écran : il refixe les pare-chocs sur la voiture de l'inspecteur Chalmers, sous la surveillance de policiers.

18 h 15 : Bart vit des aventures aquatiques imaginaires dans son bain, lorsqu'il entend Marge parler à Mme Van Houten au téléphone. Celle-ci recherche son fils "disparu". Bart file dire à Milhouse de rentrer chez lui, en lui rappelant de "bien garder le secret".

18 h 30 : Bart profite d'être vêtu seulement d'une serviette pour montrer ses fesses aux passants.

18 h 45 : Le dîner est servi, Marge a préparé des "boulettes surprise". Homer déclare qu'il a déjà eu assez de surprises comme ça pour la journée.

19 h 00 : Bart tente de rédiger son exposé sur "Les paradoxes de l'ère post-industrielle". Enthousiaste, il prend un crayon et une feuille blanche.

19 h 30 : Bart sèche devant la feuille blanche.

19 h 45 : Bart sèche toujours.

20 h 00 : Bart regarde par la fenêtre et voit le vieux fou de la maison de retraite qui lui montre ses fesses. Extrêmement perturbé, Bart frémit en se demandant comment on peut bien faire des choses pareilles.

21 h 15 : Après avoir décidé que le sujet d'exposé est "débile", Bart se couche tôt. Bien que fatigué, il ne trouve pas le sommeil, car il lui semble avoir oublié quelque chose.

21 h 18 : Bart s'aperçoit qu'il a toujours la carte de crédit de Skinner. Il lui commande alors un abonnement à "Erreur médicale magazine". Sa mission accomplie, Bart s'endort profondément, sachant que sa journée a été "productive".

WALL of LEGENDS
Pour être viril, fumez-en le plus possible !
Laramie CIGARETTES
Laramie
Réservé aux plus de 18 ans
LARRY THE LOOTER
SATAN'S FUNHOUSE
CHANGE
SHARK BAIT
Flippers
ESCAPE FROM GRANDMA'S HOUSE II
ESCAPE FROM GRANDMA'S HOUSE III
21
14
20
19
2J
24
13
12
6
18
22
16
17
8
9
11
7
10

LES REPÈRES DE BART

SALLE DE JEUX "NOISELAND"

1. Cabine du caissier.
2. Dieu.
3. W-C (n'utiliser qu'en cas d'urgence !).
4. Jeu vidéo "My Dinner With André".
5. Les glandeurs.
6. Le destin des glandeurs.
7. UNE PIÈCE ! LÀ, UNE PIÈCE !
8. Appareil électrique de sécurité (onduleur).
9. Moquette originale des années 60 (citée à la fois dans les archives de l'Institut de la décoration et dans celles du Centre des maladies infectieuses).
10. Tâche de Buzz Cola (ou pire).
11. Poubelle rarement vidée.
12. Fontaine à eau.
13. Distributeur de cigarettes Laramie.
14. Publicité avec un acteur célèbre.
15. Épaisse couche de poussière.
16. Jeu vidéo "Grand-mère s'échappe II".
17. Jeu vidéo "Grand-mère s'échappe III : Catastrophe à Noël".
18. Jeu vidéo "Festin de requins".
19. Jeu vidéo "S'amuser avec Satan" ("Échangez votre âme contre quelques pièces auprès du caissier !")
20. Le grand classique.
21. Panthéon des héros.
22. Salle des nostalgiques.
23. Conduit d'air conditionné (envoie de l'oxygène pour éviter les malaises).
24. Indescriptible puanteur flottant dans l'air.

NELSON MUNTZ LE CAÏD DE L'ÉCOLE

Toujours vêtu de son éternelle veste, Nelson Muntz se révèle aussi mystérieux que menaçant. Et c'est un exemple pour les jeunes loubards du monde entier : non seulement il brise les cœurs, mais aussi les nez et les lunettes. Naturellement doué pour le vol et la bagarre, Nelson a redoublé tellement de fois qu'il est le seul à devoir se raser pour aller à l'école.

Citation : "Ha ! Ha !"

- But dans la vie : donner une bonne leçon à toutes les mauviettes.
- Ce qui l'énerve : personne ne tient compte de son côté sensible.
- Honte secrète : il est plus bête qu'il en a l'air.
- Offre spéciale : une "protection" à un prix abordable pour la récré.
- La spécialité culinaire de la famille Muntz : les chips à la bière.
- Spécialités à la récré : les mises à l'air, les "shampoings" avec les phalanges.
- Ses hobbies : tirer sur les écureuils avec sa carabine à plombs, "décorer" les maisons des voisins avec de la salade de chou.
- Fiertés personnelles : il bénéficie de l'immunité diplomatique dans le Club des Nations Unies de l'école et a été banni à vie du Donjon de l'Androïde.

JIMBO, DOLPH ET KEARNEY LES JEUNES LOUBARDS

Jimbo, Dolph et Kearney sont issus de foyers brisés (en grande partie par leur faute). Leur passe-temps préféré est de racketter et/ou frapper les bons élèves, mais toujours en groupe, jamais tout seul. Ils sont bien connus à Springfield pour leur allure négligée et leur tendance à voler tout ce qui leur tombe sous la main. Y compris les auto-tamponneuses de Duffland.

Citations : (Jimbo) "On m'a dit que ce type avait un député pour lui tout seul au congrès." (Dolph) "Tu l'as cherché, mon pote. Toute la ville a remarqué que t'avais tourné BCBG." (Kearney) "Le premier qui cille est mort."

- Ordre hiérarchique : Jimbo, Kearney, Dolph.
- Ce qui les énerve : devoir payer pour quelque chose, et les panneaux de stop.
- Auteur préféré : Mickey Mouse.
- Menu habituel : un hamburger et un Méga Squishee.
- Leurs hobbies : voler, jeter des pétards, copier pendant les contrôles et enduire les poignées de porte de beurre de cacahuète.
- Avertissement : ils ne s'attaquent pas aux filles parce qu'elles pincent. Et elles risquent de tomber amoureuses.
- Leur job d'été : moniteur au camp de vacances de Krusty.
- Ce qu'il faut savoir : le vrai nom de Jimbo est "Corky", Kearney a redoublé tellement de fois qu'il est déjà papa d'un petit garçon, Dolph aime parler aux nuages.
- Leur devise : "Si tu n'as rien de gentil à dire, ça me va très bien".

MILHOUSE VAN HOUTEN LE FRÈRE DE BAVE DE BART

Ami loyal affublé d'un gros nez et de lunettes, Milhouse est au mieux le complice de Bart, au pire son souffre-douleur. Bien qu'il se croie cool et malin, en réalité c'est un garçon pas très dégourdi, qui pleure quand il n'y a plus de chocolat à la cantine. Victime consentante des manigances de Bart, Milhouse souffre surtout de l'amour non partagé qu'il ressent pour Lisa. Laquelle le considère plutôt "comme une grande sœur".

Citation : "Ma maman dit que je suis cool".

- Identité secrète : Houseboy, l'acolyte de Bartman.
- Son ambition cachée : avoir une moustache plus touffue que celle de Magnum.
- Secret honteux : il aime réellement les choux de Bruxelles.
- Ses trésors personnels : un blouson en cuir obtenu en échange de 50 000 points de chewing-gum "Bazooka", une poupée "Mon petit poney" et l'âme de Bart.
- Allergies : intolérance au lait et aux mises à l'air.
- Aime : les Méga Squishees 100 % Sirop et les bonbons en gélatine de toutes les formes.
- Son "Papa du week-end" : Kirk Van Houten.
- Son "Papa de la semaine" : "Pyro" de l'émission "Les gladiateurs américains".
- La dure vérité : en jouant le rôle de Atomic Boy dans le film "Radioactive Man", Milhouse a découvert que la célébrité est vaine et dérisoire.

LAURA POWERS LA VOISINE DE BART ET SON PREMIER AMOUR

Fille de militaire, Laura Powers ne mâche pas ses mots, et son pouvoir de séduction lui permet de briser le cœur d'un jeune rebelle en moins de temps qu'il n'en faut pour le dire. Laura reste néanmoins polie avec les adultes, elle apprend aux chats à danser la valse et parvient même à rendre les rots charmants. Pour elle, Bart a fait le plus grand des sacrifices : il a pris un bain.

Citation : "Si t'étais juste assez grand pour avoir trois poils au menton comme les ados, je sortirais tout de suite avec toi".

- Sa fierté personnelle : elle crache plus loin qu'un garçon.
- Son secret honteux : elle aime porter des robes.
- Éducation : affreusement stricte.
- Son restaurant préféré : Two Guys from Kabul.
- Petits boulots : faire du babysitting, lire dans les lignes de la main, donner des cours de danse.
- Aime : les jeunes rebelles, déconcerter les garçons et piquer les cadavres avec un bâton.
- N'aime pas : la hiérarchie, la musique disco, perdre au jeu "Évasion du couloir de la mort" (quand on tombe au Texas en appuyant sur le bouton de changement de lieu).

ITCHY & SCRATCHY LE DESSIN ANIMÉ LE PLUS VIOLEMMENT DRÔLE DE LA TÉLÉ

Itchy est une souris sadique et psychopathe, qui adore empaler et lacérer le chat Scratchy, son éternelle victime. Le tout dans la joie et la bonne humeur ! Le dessin animé qui met ces deux personnages en scène est amusant et éducatif à la fois, puisque l'on y apprend plus de cent façons de tuer un chat. Et même si Scratchy souffre d'atroces tourments, il ressuscite toujours pour en connaître de nouveaux, chaque fois plus raffinés.

Citations : (Itchy) "L'immolation est la plus sincère des flatteries".
(Scratchy) "Pierre qui roule ne tue pas de souris".

- Shakespeare revu et corrigé par Itchy & Scratchy : Le roi Pire, le cauchemar d'une nuit d'été ou le mort de Venise.
- Sponsor officiel : Buzz Cola "Buvez du Buzz ou on vous tue !".
- Leur parc d'attractions : Itchy & Scratchy Land, le monde magique de la violence !
- Films tirés du dessin animé : Scratchtasia, Pinitchyo et Itchy & Scratchy : Le Film.
- Autres personnages du dessin animé : l'Ours au nez brun, la Chèvre revêche, le Renard flatulent, le Riche tonton squelette, le Chien dîneur, la Fourmi Fasol et Cul-cul Clan.
- Pensée zen : si un chat explose dans la forêt et que personne ne l'entend hurler, peut-on recommencer ?
- Première apparition de Scratchy : "Un chat heureux" (1928)
- Premier dessin animé du duo Itchy & Scratchy : "Steamboat Itchy" (1929)
- La controverse : Chester J. Lampwick affirme avoir créé Itchy en 1919, neuf ans avant Roger Myers Sr.

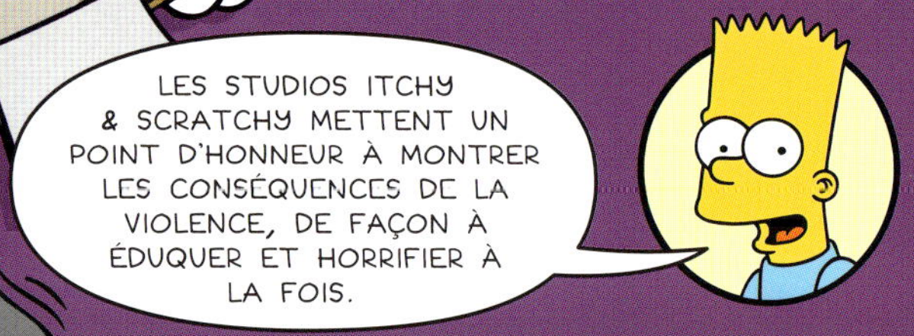

GROS TONY LE PARRAIN DE SPRINGFIELD

William Williams, dit "Gros Tony", alias Anthony D'Amico, alias Marion D'Amico dirige des "affaires familiales" pas franchement orthodoxes. Son pouvoir à Springfield est considérable, car il propose bien des services qu'on ne trouve pas dans les pages jaunes : contrebande, paris illégaux, protection, prêts usuriers, contrefaçon, racket. Le style de vie luxueux de Gros Tony attire irrésistiblement Bart, qui devient temporairement son barman attitré.

Citation : "Si vous ne voulez pas éveiller des soupçons, je vous conseille vivement de vous comporter en Américain".

- Son repaire : le Club des hommes d'affaires.
- Ses hommes de main : Guibole, Louie et Joey.
- Son chef : Don Vittorio.
- Ses hobbies : truquer les courses de chevaux, jouer au poker, racketter des commerçants.
- Sa main habituelle au poker : cinq as.
- Dons particuliers : mentir au tribunal, commanditer des assassinats. Gros Tony peut aussi échapper aux élèves-surveillants à l'entrée de l'école primaire.
- Ses entreprises : l'Huile d'Olive des Frères Valdazzo, Escrocs Construction, la Laiterie des Arts Naqueurs.
- Équipement spécial : un pic à glace avec visée laser.
- Sa boisson préférée : un Manhattan, le cocktail des rois.
- Ce qu'il faut savoir : son portrait est suspendu au mur de nombreuses postes et mairies (on peut aussi le retrouver sur des faux billets).

Vous le savez comme moi, tout le monde veut être un esprit libre, mais personne ne veut se retrouver réellement marginalisé. C'est justement pour ça que Dieu a créé les tatouages ! C'est de loin la façon la plus cool de crier à la face du monde : "Je suis un anti-conformiste, terrifié à l'idée de ne pas me fondre dans la masse !".

Ce tatouage sur mon bras est un faux, mais j'ai hâte de pouvoir m'en faire faire des vrais. D'ailleurs, j'ai déjà choisi les motifs !

LES FUTURS TATOUAGES DE BART

RIRE LIBRE
OU MOURIR

RADIOACTIF
ET FIER DE L'ÊTRE

YELLOW POWER

El Barto
n'a
peur de rien

Regrets éternels

AMOUR
TOUJOURS

Motard de l'enfer

LES BLAGUES TÉLÉPHONIQUES

N° 49 : COUP DE CHAPEAU

1. Appelle la victime de ton choix.
2. Demande-lui : "Est-ce qu'il y a un Bob chez vous ?".
3. Lorsqu'on te répond : "Non désolé, il n'y a pas de Bob ici", tu dis : "Et pas de casquette non plus ?".
4. Éclate de rire et raccroche.

Attention ! À moins d'aimer travailler sans filet, assure-toi que personne ne s'appelle vraiment Bob là où tu appelles !

DE BART

CE QUE PEU DE GENS SAVENT :

À eux deux, Bart et Milhouse ont lu les 814 premiers numéros de Radioactive Man.

AUTRES TOURS PENDABLES

Un Grand Classique

LE LIT EN PORTEFEUILLE

Une farce qui fait partie de notre héritage culturel, pratiquée dans des millions de colonies de vacances à travers le monde. Suis les explications ci-dessous.

FIG. 1 : Prends le drap du dessus et dépose-le sur le drap du dessous. Borde la moitié supérieure, de façon à ce qu'il ressemble à un drap du dessous bordé.

FIG. 2 : Plie la moitié inférieure de façon à ce qu'elle ressemble à un drap du dessus normal, en créant ainsi une poche.

FIG. 3 : Pour camoufler ton piège, fais ensuite le lit de la manière habituelle.

FIG. 4 : Quand la victime innocente essaiera de se coucher, elle ne pourra rentrer dans le lit qu'à moitié !

14
15
1-D
1-B
22
1-A
21
20
1-E
16
19
17
18
1-F
1-C
20

LES REPÈRES DE BART

LA CHAMBRE DE BART

1. Produits dérivés Krusty.
   A) Réveil Krusty
   B) Lampe de chevet Krusty
   C) Chaussons Krusty
   D) Photo de Krusty
   E) Batte de baseball Krusty
   F) Draps Krusty
   G) Calendrier Krusty
   H) Vaisseau spatial Krusty
2. Réserve de nourriture d'urgence.
3. Sucette.
4. Barre de plutonium (cadeau de Homer).
5. Temple du savoir.
6. Lettres d'amour de Mme Krapabelle (adressées à Woodrow).
7. Casquette rouge porte-bonheur.
8. Investissements.
9. Outil de falsification des bulletins scolaires.
10. Poupée Scratchy (elle crache du sang quand on appuie dessus).
11. Étagères "à bouquins" (en théorie).
12. Bouquins (purement décoratifs).
13. Figurine Radioactive Man ("Avec de vrais rayons gamma !!!").
14. Biplans de la Première Guerre mondiale.
15. Arsenal.
16. Poubelle.
17. Détritus.
18. M. Lapinou.
19. Photo de Jessica Lovejoy.
20. Planche de salut.
21. Plan d'évasion.
22. Poster de Truckasaurus.

KRUSTY LE CLOWN L'ANIMATEUR DE LA CÉLÈBRE ÉMISSION POUR ENFANTS

Grand maître de la joie forcée, Krusty le Clown a commencé sa carrière en piquant des blagues au magasin de farces et attrapes Yiddle. Il a ensuite été mime dans le Mississippi, avant de fonder l'empire de merchandising qui l'a rendu éhontément riche. Bien qu'idolâtré par les enfants de Springfield, Krusty ne se rappelle jamais leurs noms, pas même celui de Bart, qui lui a pourtant sauvé la vie plusieurs fois. En fait, il n'y a qu'une seule personne que Krusty n'oublie jamais : son bookmaker.

Citation : "Je tiens d'abord à remercier Dieu pour les nombreux succès que j'ai connus. Même si je ne l'ai jamais vénéré et que je ne crois pas en lui".

- Son vrai nom : Herschel Krustofski.
- Signes distinctifs : cheveux verts, petits pieds, troisième mamelon sur le torse.
- Ses rivaux à la télé : Gabbo, Hobo le clodo.
- Son assistante personnelle : Lois Pennycandy.
- Ses collègues : Tahiti Bob, Tahiti Mel, Raheem, le Caporal Tapedur, M. Teeny.
- Son événement caritatif : le Téléthon pour le mal des transports.
- Son disque d'or : "Krusty le crooner".
- Quelques produits dérivés Krusty® : le Krustyburger, les Abats de porc Krusty, les Céréales Krusty Sucroplus, le Produit nettoyant pour plancher de l'Oncle Krusty, l'Épilateur Krusty, l'Eau de Cologne non-toxique de Krusty et la deuxième édition de l'Encyclopédie universelle de Krusty.
- Autres entreprises : les studios KrustyLu, le parc d'attractions Krustyland, le camp de vacances Krusty "L'endroit le plus Krusty au monde".

PETIT PAPA NOËL LE FIDÈLE COMPAGNON DE BART

Adopté la veille de Noël par les Simpson, Petit Papa Noël est un membre à part entière de la famille : il va chercher le journal et le déchire, aboie après le vent et fournit en quantité une bave aux propriétés hydratantes. En fait, le chien se sent tellement à l'aise à la maison qu'il mange souvent à table sans y être invité.

- Aime : les groins de porc en gelée.
- N'aime pas : l'haleine des humains.
- Ses hobbies : enterrer des appareils électroménagers dans le jardin, renifler des derrières et dormir dans le hamac de Homer.
- Son secret honteux : il a toujours fini dernier sur le champ de courses de Springfield.
- Sa fierté personnelle : il a engendré une portée de 25 chiots.
- Sa vie antérieure : Louis XIV, le roi soleil.
- Don particulier : il peut se tenir debout en équilibre sur un ballon.
- Boissons préférées : l'eau des toilettes et le gaspacho.

LISA SIMPSON LA PETITE SŒUR DE BART

Lisa est intelligente, sensible, talentueuse et créative. Ce qui lui vaut d'être largement ignorée par ses parents, ainsi que par ses instituteurs. Elle trouve le réconfort dans la réussite scolaire et surtout dans les solos de saxophone, qui lui permettent de maintenir un lien avec sa famille. Jusqu'à ce que quelqu'un lui dise d'aller jouer ailleurs.

Citation : "Si Bart était blessé ou tué, mes parents seraient plus disponibles pour moi, mais il me manquerait quand même !".

- Son premier mot : Bart !
- Alimentation : végétarienne.
- Ses lectures : Virginia Woolf, Zelda Fitzgerald, Sylvia Plath et "Corey Magazine".
- Aime : les gaufres, les poneys et les femmes qui ont su résister à la domination patriarcale.
- N'aime pas : les politiciens hypocrites, la pollution et la musique du compositeur John Philip Sousa.
- Son obsession malsaine : la ligne directe de Corey.
- Musique : elle sait jouer du saxophone (feu "Murphy les Gencives Sanglantes" a été son mentor) et un peu de guitare. Peut-être apprendra-t-elle un jour l'accordéon.
- Compositions originales : "J'en ai marre de cette robe rouge", "Le Blues de l'argent de poche" et "La complainte du bon élève".

M. LAPINOU LA PELUCHE PRÉFÉRÉE DE BART

Afin d'intimider Lisa, qui joue dans l'équipe de hockey adverse, Bart arrache la tête du pauvre M. Lapinou. Un acte de terreur qu'il regrette bien vite, car cette peluche était son jouet préféré quand il était petit. Lors de la grande finale, Lisa ne se prive donc pas d'exploiter cette erreur, en portant la tête du lapin décapité sur un collier.

Citation : "Je veux un bisou !".

- Description : fourrure bleue, oreilles roses, coutures grossières.
- Oreilles : pelucheuses.
- Texture : duveteuse.
- Allure générale : propice aux câlins.
- État : très usé.
- L'innocence de la jeunesse (hélas) : vêtu d'un élégant costume noir et d'une cravate, M. Lapinou est plus qu'une présence rassurante dans la nuit obscure. C'est le vestige d'une époque paisible, où un câlin suffisait à envoyer Bart au pays des rêves et des joyeux petits lutins. Bien loin du monde sanguinaire et violent de la ligue junior de hockey sur glace !

TAHITI BOB L'ENNEMI JURÉ DE BART

Meurtrier sanguinaire et véritable génie du crime, Tahiti Bob n'en est pas moins un homme de goût. Véritable incarnation du mal, il n'a de cesse de chercher à se venger de Bart, qui l'a démasqué et fait emprisonner. Tahiti Bob crée donc des plans diaboliques pour prendre sa revanche mais chaque fois, son orgueil démesuré le perd. Ou alors, il marche sur un râteau.

Citation : "J'ai essayé de tuer le plus grand séducteur du monde et puis j'ai appris qu'il y avait des lois contre le suicide".

- Son vrai nom : Robert Underdunk Terwilliger.
- La musique qu'il aime : les fantaisies de Gilbert et Sullivan.
- La musique qu'il n'aime pas : les divagations de Gilbert O'Sullivan.
- Sites proposés dans le cadre du programme de protection des témoins : Cap Horreur, Lac Terreur, Saint-Angoisse sur Effroi, Peurville.
- Son problème de prononciation : il articule beaucoup trop bien.
- Aime : Bouddha, le parti républicain, les œufs de cabillaud, "Playmate en prison Magazine".
- N'aime pas : la télé, les livres de Tom Clancy, "MacGyver" et les sandales de douche de la prison.
- Fierté personnelle : il a gagné un Emmy Award quand il a brièvement remplacé Krusty.

JESSICA LOVEJOY LA FILLE DU RÉVÉREND LOVEJOY : UNE CHIPIE MODÈLE

Fille unique du révérend Lovejoy et de sa femme Helen, Jessica aime être au centre de l'attention. Et le meilleur moyen d'y parvenir, c'est bien sûr de séduire le "garçon de courses du diable" : Bart Simpson. Grâce à sa beauté et à ses talents de fauteuse de trouble, Jessica lui fait très vite tourner la tête. Pour elle, Bart va aller jusqu'au sacrifice ultime : suivre le cours de catéchisme.

Citation : "Est-ce que tu dis toujours ce que tu penses ?".

- Aime : déclencher les alarmes incendies, faire du skateboard extrême, voler l'argent de la quête.
- Dons particuliers : lancer des boules puantes et du papier toilette, rendre la parole de Dieu plausible aux yeux de Bart.
- Bulletin scolaire : toujours très bon.
- Vêtements : du rose et encore du rose.
- Causes de son expulsion du pensionnat : boules puantes à la messe, bagarre à la chorale, encre dans le bénitier, toilettes explosées.
- Cheveux : noirs, longs et touffus, sentant le marshmallow à la violette.
- Symptômes de coup de foudre pour les pauvres idiots qui tombent amoureux d'elle : étourdissements, sensation de poids sur la poitrine, amélioration de l'hygiène.

La liste de noël de Bart

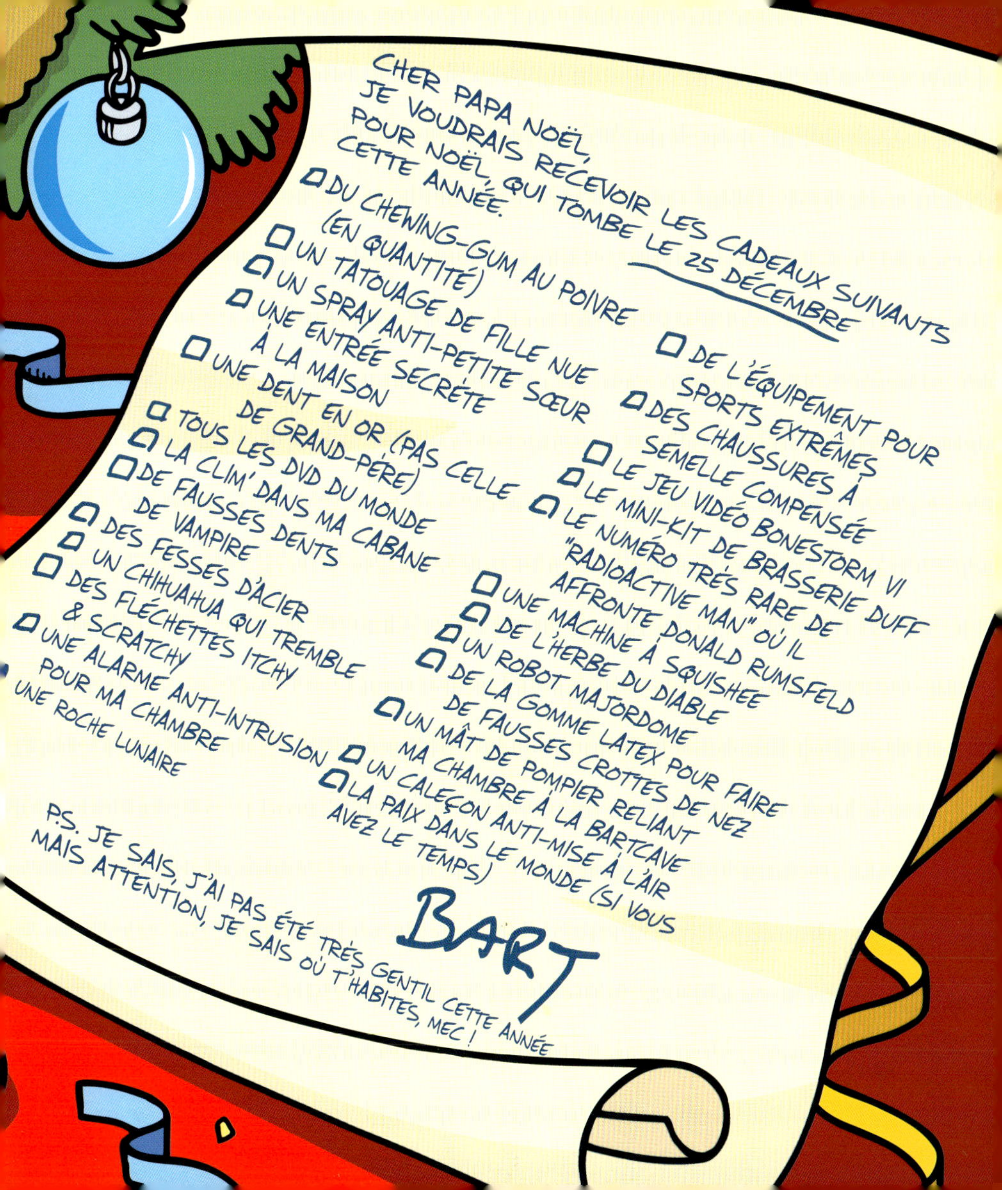
CHER PAPA NOËL,
JE VOUDRAIS RECEVOIR LES CADEAUX SUIVANTS
POUR NOËL, QUI TOMBE LE 25 DÉCEMBRE
CETTE ANNÉE.

- DU CHEWING-GUM AU POIVRE (EN QUANTITÉ)
- UN TATOUAGE DE FILLE NUE
- UN SPRAY ANTI-PETITE SŒUR
- UNE ENTRÉE SECRÈTE À LA MAISON
- UNE DENT EN OR (PAS CELLE DE GRAND-PÈRE)
- TOUS LES DVD DU MONDE
- LA CLIM' DANS MA CABANE
- DE FAUSSES DENTS DE VAMPIRE
- DES FESSES D'ACIER
- UN CHIHUAHUA QUI TREMBLE
- DES FLÉCHETTES ITCHY & SCRATCHY
- UNE ALARME ANTI-INTRUSION POUR MA CHAMBRE
- UNE ROCHE LUNAIRE
- DE L'ÉQUIPEMENT POUR SPORTS EXTRÊMES
- DES CHAUSSURES À SEMELLE COMPENSÉE
- LE JEU VIDÉO BONESTORM VI
- LE MINI-KIT DE BRASSERIE DUFF
- LE NUMÉRO TRÈS RARE DE "RADIOACTIVE MAN" OÙ IL AFFRONTE DONALD RUMSFELD
- UNE MACHINE À SQUISHEE
- DE L'HERBE DU DIABLE
- UN ROBOT MAJORDOME
- DE LA GOMME LATEX POUR FAIRE DE FAUSSES CROTTES DE NEZ
- UN MÂT DE POMPIER RELIANT MA CHAMBRE À LA BARTCAVE
- UN CALEÇON ANTI-MISE À L'AIR
- LA PAIX DANS LE MONDE (SI VOUS AVEZ LE TEMPS)

BART

P.S. JE SAIS, J'AI PAS ÉTÉ TRÈS GENTIL CETTE ANNÉE
MAIS ATTENTION, JE SAIS OÙ T'HABITES, MEC !

LES BLAGUES TÉLÉPHONIQUES

N° 74 : LE BARMAN À BOUT DE NERFS

1. Appelle le bar du coin. N'importe quel bistrot avec un barman et des ivrognes tapageurs fera l'affaire.

2. Demande à parler à l'un des personnages fictifs suivants :

   Sam. Nom de famille : Lécasse.
   Rick. Nom de famille : Hochet.
   Jean. Nom de famille : Naimar.
   Artie. Nom de famille : Chaud.
   Jean. Nom de famille : Balsec.
   Léo. Nom de famille : Pard.
   Moe. Nom de famille : Vésaleine.
   Simon. Nom de famille : Cussoné.
   (attention : ne dis jamais le prénom et le nom de famille en même temps, sinon la blague tombe à plat !)

3. Le pauvre nigaud à l'autre bout de la ligne va demander à ses clients quelque chose du genre : "Hé, il y a un Léo Pard ici ?". Ou : "Il y a un Artie Chaud parmi vous ?". Et si tu as de la chance : "Hé tout le monde ! C'est pour Simon Cussoné !".

4. Joins-toi à l'éclat de rire général des buveurs, qui se moquent de la victime de ta blague.

DE BART

Mais où un jeune garçon peut-il se réfugier pour méditer tranquillement ?

Pourquoi pas...

DANS LA CABANE DE RÊVE DE BART SIMPSON !

1. La tour de défense de Bartman (avec lanceur automatique de missiles miniatures, télescopes, viseur laser et ballons à eau).
2. Accès à la tour de défense.
3. Dessins animés Itchy & Scratchy en continu.
4. Mini-frigo.
5. La cabane en bouteille de Kandor.
6. Cibles pour lancer de stylos.
7. Skinner au-dessus d'une bassine d'eau.
8. L'allée des Comiques : l'endroit officiel pour faire des blagues !
9. Jacuzzi (avec sous-marins télécommandés).
10. Projecteur vidéo (pour regarder la télé sur le mur de la maison des Flanders ou sur le ventre de Homer).
11. Humidificateur pour cigare en chewing-gum.
12. Toboggan à eau.
13. Poupée Gabbo.
14. Menus de restos à emporter.
15. Chandelier décoré de gâteaux.
16. Table à sandwichs.
17. Machine à Squishee.
18. Rampe de skate.
19. Coussins pour les chutes de Milhouse.
20. Brouette de tartes (pour lancer sur ceux qui descendent le toboggan).
21. Salle de jeux vidéo (avec Itchy & Scratchy Danse et Frappe Révolution, Massacre au Couteau de Poche, Piéton Innocent II et Club des Losers).

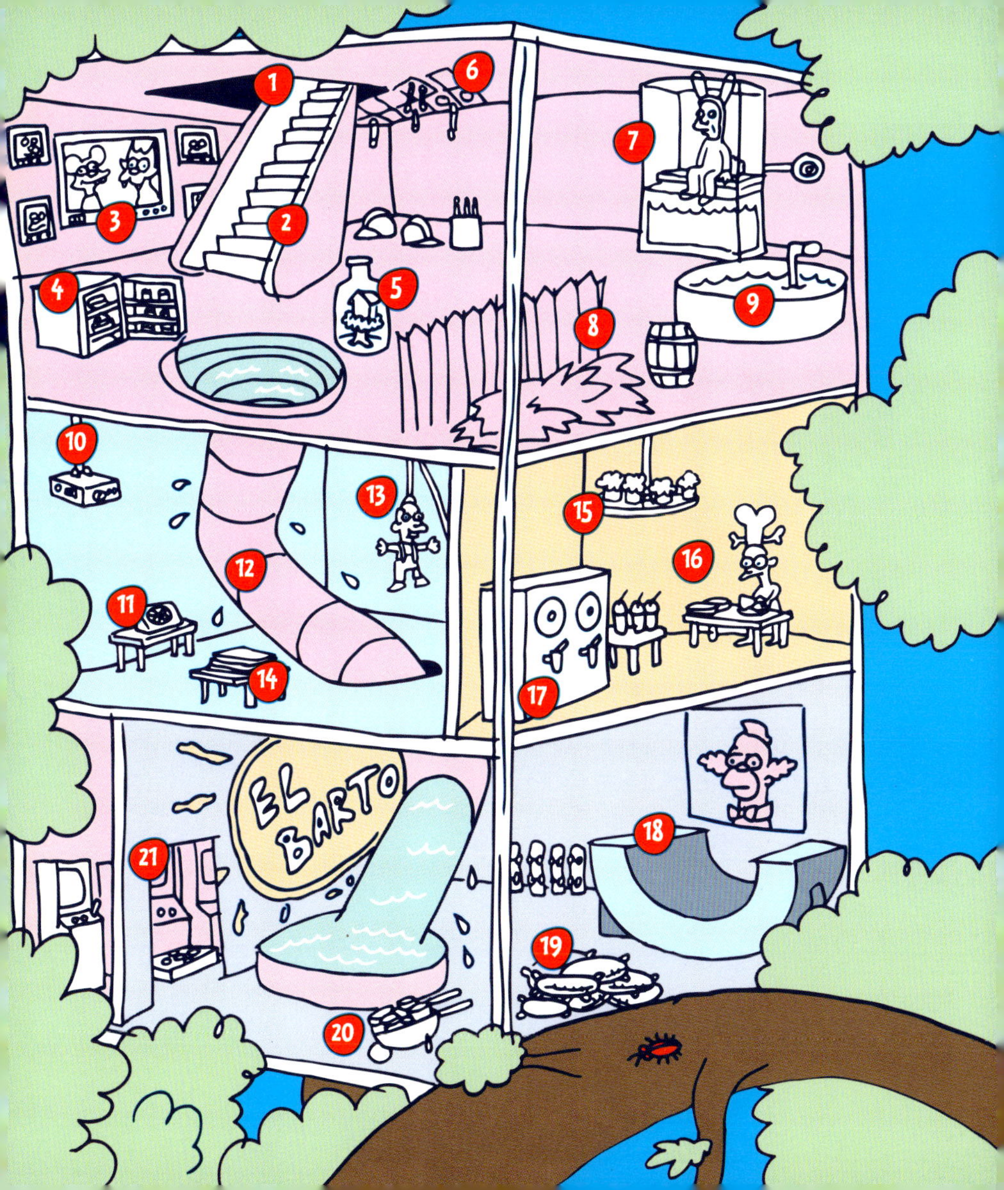
1
2
3
4
5
6
7
8
9
10
11
12
13
14
15
16
17
18
19
20
21
EL BARTO

EL BARTO ET SA GALERIE DE GRAFFITI
BIENVENUE À
TERRITOIRE
STOP
AUX DEVOIRS D'ÉCOLE
ATTENTION SORTIE D'ÉCOLE
BUISSONNIÈRE
INTERDICTION FORMELLE DE SE GARER ICI
VIVRE
M. BURNS
DOS
BÂTÉ !
PELOUSE INTERDITE
À SKINNER ET AUX NULLOS

SPRINGFIELD
D'EL BARTO
ATTENTION AU MIRAGE
NE FAITES PAS
ATTENTION AUX PIÉTONS
VEUILLEZ CONDUIRE PRUDEMMENT
& APPUYER SUR LE CHAMPIGNON
ZONE DE SILENCE
BRUIT !
A UN
D'ÂNE
INTERDICTION DE FUMER
TOUSSER

LE TOP 40 DES TRUCS NULS

1. Le saxophone de Lisa
2. Les mises à l'air
3. Jimbo, Kearney et Dolph
4. Nelson
5. Les clés au bras
6. Être pris la main dans le sac
7. Le truc dur à la surface des gratins de maman
8. Les trucs visqueux sous le truc dur à la surface des gratins de maman
9. Le dossier secret de Skinner sur moi
10. Le fait qu'Otto ne me laisse jamais conduire le bus
11. La purée de maïs (sauf pour fabriquer du faux vomi)
12. Les parents qui ont des signatures difficiles à imiter
13. Toucher accidentellement du chewing-gum collé sous la table
14. Les adultes (j'espère bien ne jamais en devenir un)
15. Les cadeaux nuls qu'on trouve dans les boîtes de céréales Krusty
16. Sucer un stylo et s'apercevoir tout à coup qu'on a de l'encre plein la bouche
17. Les légumes difficiles à propulser avec une cuillère
18. Mon pire cauchemar : je deviens le portrait craché de mon père
19. Les histoires qui finissent avec une morale
20. Les dessins animés non violents